幸福小康是个硬道理

贾虹生 著

国际文化出版公司

· 北京 ·

图书在版编目（CIP）数据

幸福小康是个硬道理 / 贾虹生著 . —北京：国际文化
出版公司，2014.8
ISBN 978-7-5125-0728-9

Ⅰ. ①幸… Ⅱ. ①贾… Ⅲ. ①小康建设－中国－文集
Ⅳ . ① F124.7-53

中国版本图书馆 CIP 数据核字（2014）第 203943 号

幸福小康是个硬道理

作 者	贾虹生
统筹监制	鲁良洪
责任编辑	赵 辉
美术编辑	秦 宇
出版发行	国际文化出版公司
经 销	国文润华文化传媒（北京）有限责任公司
印 刷	北京京华虎彩印刷有限公司
开 本	660 毫米 ×940 毫米　　　16 开
	15.5 印张　　　136 千字
版 次	2014 年 10 月第 1 版
	2014 年 10 月第 1 次印刷
书 号	ISBN 978-7-5125-0728-9
定 价	49.80 元

国际文化出版公司
北京朝阳区东土城路乙 9 号　　　邮编：100013
总编室：（010）64271551　　　传真：（010）64271578
销售热线：（010）64271187
传真：（010）64271187-800
E-mail：icpc@95777.sina.net
http://www.sinoread.com

目 录
CONTENTS

前　言

　　我是一个出生于上世纪四十年代的人，按照当今流行的说法，就是一个"40"后，眼下已经年过七十岁了。我们这代人，童年在抗日战争和解放战争的动荡年代中度过，又经历了共和国建立后至今的所有时期。上小学时有"镇反""三反""五反"运动；上中学时有"整风"和"反右"斗争，还亲身参加过"大跃进"运动，经受过三年自然灾害困难时期的磨炼；上大学后又参加了农村社会主义教育运动（即农村"四清"运动），接着又经历了"文化大革命"。其间先后在部队农场接受过贫下中农再教育，下放到工厂当过工人、技术员、车间主任，再到机关当干部。打倒"四人帮"后，我转到研究所，从事国产计算机的研制，从工程师到科长、副所长，后来当了研究所的所长。这期间迎来了我国改革开放的新时期。1986年我被调入中国残疾人福利基金会，开始参与到社会福利事业当中，并由此进入到国有企业的改革潮流，直到退休。也就是说，我们又经历了至今已 30 多年改革开放的整个过程。

我们这代人是幸运的，这个时代也是极为丰富和辉煌的。我们与共和国一起成长，与她共同走过一个甲子，与她共同经历曲曲折折，悲悲喜喜。亲眼看着她从百废待兴，到一步步壮大繁荣；看着 4—5 亿人到 7—8 亿人，再到 13 亿人，由吃不饱，穿不暖，到绝大多数过上小康日子；看着国家被外人看不起，受到严重的制裁、封锁、禁运，到发展为今天的世界第二大经济体，人均 GDP 达到 5600 美元，人民生活水平步入中等偏上国家的水平。同时，可以无愧地说，在国家发展建设的过程中，我们并没有置身其外，也投入了自己的热情、知识和绵薄之力，尽了"匹夫之责"。所以，我们与自己的祖国息息相连，同呼吸，齐悲欢，共命运，始终含有家国情怀。

正因为如此，我虽退休多年，却一直保持"我是一个中国人"的心态，仍然还是一个与国家兴亡有关的匹夫，也一直在关注国家的发展、社会的动态，一直在看书、看报、关心形势、不忘思考。我给自己设计了一种"半工作状态"，还时不时地写点东西，把一些观察思考整理记录下来，个别的想法还成文报送上边，以供参考。我写东西原本只为活动脑筋，整理思想，保持写作能力，也与少数朋友们交流一下，以动手动脑和交流的方式保持与社会的联系，不使自己因退休日久而离社会越远。从未想过要出版发表什么。自认为这也是一种健康生活方式，有益寿之利。退休十年，状态一直不错，可能真是得益了。

最近，一些朋友觉得现在社会思潮异常活跃，各种各样的思想言论呈"爆炸"之势，形成了"碎片化"的形态，更让人们莫衷一是。虽然社会思想活跃总体是好事，但是非混乱，连底线也冲击却绝非家国和人民之福。他们鼓动我将所写的东西整理出来，也发表一下。想来想去，觉得自己虽非名人、公知、大V，但作为普通人，与更多人交流一下看法也没什么不好。反正现在社会已形成多元化，我们这"一家之言"也是多元中的一元，当然可以有一席之地。再说，我们这代人经历丰富，社会经验的积累，形成了看问题的不同角度，人虽"过气"，看法却未必过时。于是就决定"听人劝，吃饱饭"，试着抛块小砖头，引不引来"玉"，能有什么反响都不重要，参与了讨论的过程，还算有点意思吧。

需要说明一下，这本小册子中收集的文章，是不同年代写的，当时有所针对，今天看来是否还确当？那就仁者见仁，智者见智吧。至少它反映了我们这些人的一部分思想角度和方法，权当是个参考罢了。

幸福小康是个硬道理

一、问题的提出

　　人类社会进入二十一世纪第二个十年，世界显得乱哄哄的：唯一的超级强国美利坚陷入又一轮长时间、高强度的金融、经济危机，四年过去尚未见复苏，还发生了"占领运动"；发达国家联盟的最大经济体欧洲，债务危机缠身，危及欧盟及欧元的前途，至今并未看到彻底解决之道；日本已经有了"失去的十年"，又一个十年中仍未见好转；发生在北非、阿拉伯地区的"茉莉花革命"还在蔓延，已经至少四个国家政权更迭，依然硝烟滚滚，前景难测；俄罗斯虽已度过苏联解体、东欧巨变之痛，正在普京领导下强势起来，但仍然困难重重；新兴经济体，包括"金砖国家"，无一不在西方经济危机冲击下开始下滑，没人能说得准下一两步会出现什么情况；而陷入"中等收入陷阱"的大几十个国家，似乎也继续在那里纠结着，找不到跳出"陷阱"的良策……至于我们中国，经济腾飞，和平崛起正在实现。

本来已是国家发展、社会进步、人民提升最好的时期，然而在外部遇到扼制，全球化态势下难以独善其身，又在内部面临历史上难有的复杂情势，思想颇为动荡，社会显得很不安……这个世界怎么了？

回顾冷战后的二十多年，我们似乎并没有发现弗朗西斯·福山总结出的《历史的终结》，也没有看到资本主义为唯一胜利者的终结点，倒是见证了塞缪尔·亨廷顿预见的《文明的冲突》。细想一下，各处发生的冲突，可能大多都缘自于新自由资本主义的扩张和由此而来的经济全球化影响，以及支撑它们的"普世价值观"的推行。近来，我们又听到许多来自国外各界人士反思和批判资本主义的声音，甚至有人提出：世界需要第二个卡尔·马克思，这可真是非常有趣的现象。

中国经历了百年被列强欺辱、不断抗争以探索复兴的坎坷行程；实践了创立人民共和国、学习苏联社会主义建设自己工业化经济基础的曲折道路；又开启了改革开放、快速崛起的宏大事业，每一段都堪称艰难与辉煌，每一段都有深刻的经验和教训。走到今天，我们的社会仍然感到有些迷茫，社会舆论和思想界的激烈状况就是具体表现。概括我们自己的经历，似乎可以看到：西方列强参与并力图控制的"民主共和"无法使中国摆脱贫穷与落后，还差点亡了国。走苏联式的社会主义道路，国家立住了，但并没有取得完全胜利。"无产阶级专政下的继续革命"搞成了"十年动乱"，倒使我们共识到："发展是硬道理"和"稳定压倒一切"。改革开放，很大程度上效法西方的市场体制，经济快速崛起，人民也得到了实惠，但社会矛盾凸显，变得复杂异常。自 2008 年以来，西方金融、经济、债务和社会危机，又让人们看到：西方的体制、理念、模式并不完全适合整个世界，特别是占世界人口 85% 以上的后发展国家。

面对国内外极为复杂严峻的形势，笔者认为，今后一二十年，可能是改革开放以来最为困难的时期，我们不能以"兵来将挡，水来土掩"式的被动应对，而需要高屋建瓴地"另辟蹊径"，从长远战略和策略上创立一套新的思路，以达到纲举目张的功效。笔者建议，我们可以从重新确立更加实事求是的社会发展目标入手，去带动政治、经济、社会、文化、外交各方面工作。那么，我们中国应当确立怎样的社会发展目标，选择怎样的实现路径，才能凝聚社会、团结人民，以更好地前行呢？综合国际与国内，历史与现实，社会与文化，笔者认为：建设一个"幸福小康"的社会主义社会，才应该是我们中国社会发展的追求目标。如果我们通过系统有效地推动这一方略，取得实质性进展，进而引导世界都逐渐认同，并且都来促进实现"幸福小康"，那么，这个地球才能真正做到均衡、和平与可持续。

二、参照系需要调整了

目前，现实世界仍然是以美国为首的西方国家主导的，无论是政治制度、经济模式、社会治理，还是道德理念、思想意识，抑或国际秩序、舆论话语权等等，都是如此。但是，站在全球角度，我们已经看到：一方面，西方为主流的格局短时期还难以根本扭转；另一方面，西方体系出现了结构性问题，它们自身也已经到了需要做出重大调整的历史阶段。同时，也明显反映出，西方那一整套东西并不能完全适合发展中国家，广大第三世界的确无法复制西方的模式。

然而，目前讲发展，讲实现现代化，依然是以西方社会为参照系。我国实现现代化的"三步走"战略，要在本世纪中叶达到中等发达国家的水平，也还是以西方国家为蓝本。这就出现了一个基本矛盾，即 60 多亿人的第三世界国家，其发展的参照目标实际上是无法达成的，所参照的发展道路也是无法走通的。但不让后发国家去发展，而维持现有不到10亿人在发达国家，60亿人在不发达国家，而且还由不到10亿人在主导世界的格局，这又是不合理和不可能长期维持的。因此，对于广大发展中国家而言（首先是我们中国），需要实事求是地重新确立发展目标，重新探索实现新目标的道路和模式。而且，这一历史性课题其实也摆在了发达国家面前。也就是说，整个世界的发展需要调整参照系了。

调整参照系，一个重要的维度应该是重新确立占人口大多数的人民以及他们的福祉，即追求真正可实现的社会公平。西方国家的发展主要依靠的是资本，过去，资本的扩张带出了殖民主义，对殖民地的压迫和剥削，帮助西方国家完成了原始积累；但同时也"压"出了民族解放和社会主义运动。几乎所有的殖民地都独立了，还出现了一批社会主义国家。现代，资本的扩张在经济全球化的助力下，造成了国际上南北差距的进一步扩大；而在发达国家内部，也形成了富者更富，广大民众却不能公平享受社会财富的局面；这种状况还传播到新兴经济体，使它们的发展道路上充满了不确定性。有西方学者把美国发生的"占领运动"定性为中产阶级危机和社会危机。如果像西方国家中占人口多数的中产阶级都发生了危机，那这个制度还能成为"历史的终结"而不被调整和变革吗？由此看来，卡尔·马克思对资本的剖析，对资本主义本质的认识，并没有过时。单向度地过度依赖资本，不仅影响社会公平，也会造成经济虚拟化、金融化，还会引发高福利，进而造成债务危机和不可持续。

中国在实行市场经济过程中，也出现了过度重视资本和社会贫富差距过大的问题，所以，现在是需要重新强调劳动——这一与资本相对应、相对立的基本要素的时候了，因为劳动包含着占人口大多数的劳动者的利益。任何社会制度下，如果劳动者不能充分就业，多数民众的利益不能被重视、不能得到相对均衡的保障时，这个世界永远不会安宁。

强调重视劳动这一要素的出发点，是考虑大多数人民的福祉。那么，体现在所有制的形态上，就应该探索更多适合这种需要的形式。不是国有，就是私有，还是显得不够丰富，需要一种或几种"中间"形式的制度安排，如公共所有制。这里的"公"体现政府，也代表全民；这里的"共"体现社会和具体民众。笔者觉得，我们大多数的事业单位可以朝着公共所有制的方向改进。企业中，除上市公司已经是公众公司外，许多也可以探索公共所有制的形式。英国的大学没有明确分为公立和私立两种，而基本都是公共所有制，他们的教育也办得很好。其实，国外（包括发达国家）也都有一些探索多种所有制形式的功课，值得我们研究。

调整参照系，另一个重要维度是重新和全面认识生产力。自西方国家发生工业革命以来的几个世纪，工业革命和科学技术革命极大地推动了生产力的提高，也很大程度上提高了人类的生存能力和生活水平。而与此同时产生的，是地球资源的大量消耗和对人类生存环境的破坏。请看一下英国知名历史学家汤恩比在四十年前与日本学者池田大作的著名对话，他说："人类的力量影响到环境已经达到了人类会自我灭亡的程度，这个情况似已确定无疑，如果人类为了满足贪欲，而继续使用这种力量，必将自取灭亡。"又说："科学不断发达，就会带来怎样的结果，若用伦理上善恶的概念，就是科学会被善用还是恶用？科学所造成的恶果，不能用科学本身来根治。"现今的地球上，资源被超量消耗，大气层被破坏，自然灾害频发，环境污染严重，连人们赖以生存的水和空气都不安全……所有这些究竟是怎么发生的？与人们的贪欲有没有关系？与过度工业化有没有关系？现在的生产力发展，需要大量的地球资源，而许多资源是不可再生的。那么，这种生产力发展可以永无限制地搞下去吗？美国总统奥巴马在澳大利亚的讲话中提到：如果中国达到美国现在生产力的发展水平，就需要两个地球。这里虽暗含着扼制中国发展的寓意，但也反映出另外一个严峻的现实，即地球上没有那么多资源（包括能源、矿产、土地、水源等等）能够支撑全球 70 亿人口（本世纪末可达 100 亿），去实现西方式的生产力发展水平。那么，站在全球和全人类角度，难道不该重新认识和调整关于生产力的概念、内容、标准及运作方式，以求得人类能够长久平衡生存吗？

发展生产力，确实需要从根本上转变增长方式，然而它不仅仅包括现有的产业结构调整，不能仍然只是围绕着物质生产领域打转转。邓小平同志提出"科学技术是第一生产力"，但是科学包括自然科学和社会科学。改革开放 30 多年来，我国在自然科学方面和技术领域取得了长足的进步，大大推动了经济发展。但是在社会科学方面，特别是人文领域，却显得认识不足，重视不够，发展迟滞，甚至有的方面还出现偏差和混乱，这可能也是我们片面强调GDP增长的一个原因吧。我们的科学院士、工程院士就没有社会科学领域的专家，其实后者也有对社会、对经济做出过巨大贡献的专家。美国的经济学诺贝尔奖获得者最多，很大程度上推动了其经济发展，但他们却不是出于自然科学领域。社会科学和人文领域不仅能出思想理论，能指引制度建设，甚至"顶层设计"更加科学合理，能教育团结人民和凝聚社会力量，也能够产生巨大经济效益。一个贫困的英国妇女，突发奇想地搞出了一个"哈利·波特"系列，就产出了30多亿欧元的产值。一个足球运动曾经是意大利GDP中排第七位的产业，更不要说好莱坞了。我们今后的发展，需要更多新兴的"软"性产品，我国"以经济建设为中心"的基本路线，也是时候进一步提升为"以经济社会发展为中心"了。

调整参照系，还有一个重要维度就是文化道德体系。人的本性毕竟是由自然属性、社会属性和精神属性三个层面组成的，如果仅仅强调"物竞天择，适者生存"，岂不是把人类也降低为与动植物一样的一般生物体了吗？岂不是要让人类社会也只遵循"弱肉强食"的"丛林法则"吗？而建立在这种"社会达尔文主义"基础上的人类道德体系，以个人主义为基础，屏弃集体主义，不体现大多数人的利益，不考虑子子孙孙今后的福祉，就真是正确的？就真的符合人是社会性存在，是具有思想精神之高级生物的本性吗？当今西方国家流行并强推的价值观，仍然被当作世界的主流价值观，而这种价值观基础上形成的人类道德体系，自然也是西方高高在上，俯瞰并掌控世界的体系，是不平等、不平衡的体系。它真的能适应全人类社会、文化、历史多样性和各民族发展多元化的需求吗？中华传统文化中强调"天人合一"、"内圣外王"、"修齐治平"、"仁义和谐"、"己所不欲，勿施于人"等等，不也是符合人性，极具价值的人类道德吗？所以，现今也到了重新构建真正符合全人类发展需要的道德体系的时刻了，至少要有利于建立平等、和谐、多元发展的全球环境。

如果西方是世界格局与发展的主导力量，那么他们首先需要反思和引领道德体系的重构。如果他们不是强调"文明的冲突"，而是力促"文明的融合"，世界一定会不一样。如果我们对自己的思想文化体系有正确认知，也有足够自信的话，那么我们就该勇敢地面对这一历史课题，参与到这一深远影响的事业中。

调整参照系，再一个重要维度是国际环境，即我们与世界的关系。如果说，我们共和国建立的第一个 30 年，是在被西方禁运、封锁、制裁下，不得不走一条自力更生、自我积累的道路；第二个 30 年是通过改革开放，走向世界，在参与全球化的过程中，有所斩获、有所发展的话，那么，第三个 30 年将是我们真正融入世界，与世界一道探求共同发展道路的 30 年。现在的世界已经是东方和西方、南方和北方谁也不能离开对方的结构了，且不要说整个世界面临着共同的资源与环境问题。抛开国际的环境，单独考虑自己国家的发展道路与方式，已经是行不通了。现在是考虑国家发展战略必须具有国际视野的阶段了，而且不仅是利用国际条件，也必须考虑共赢共进。

但是现在的国际环境，并不是你想离开就离开得了，你想融入就能融入得进，其复杂程度超过我们的想象。特别值得重视的是，基辛格博士所说："如果你控制了石油，你就控制了所有国家；如果你控制了粮食，你就控制了所有的人；如果你控制了货币，你就控制了整个世界。"当今，这三个"要命"的东西仍然掌握在西方，特别是美国手里，这就意味着，围绕控制与反控制的博弈将是复杂尖锐的。必须有长期的战略安排，必须有纵横捭阖的方略计划，有时还需要以退为进的策略配合。这就需要一大批专门研究战略的智库和方方面面的专门人才。笔者认为：我们需要若干个像"兰德公司"那类的机构。

总而言之，整个世界，首先是我们中国，需要在总结历史进程的基础上，实事求是地认清业已出现和存在的各种制度的利弊得失，站在更高和更广的视野上，也就是站在一个新的坐标系下，而不是完全以西方现有模式为参照，去进一步探索和重新构建适合人类持续均衡发展的目标与方式。几千年的不断探索和发展，的确促进了人类社会的巨大进步，但截止到目前，也的确没有找到一种完全适合全人类共同、均衡与可持续生存发展的终极道路。而且，目前的国际情势反映出，现在的确到了一个需要大变革的历史机遇期。中国共产党人如果能抓住这个历史的机会，脚踏实地，高瞻远瞩，继承人类好的积淀，大胆探索新的道路，不仅团结带领中国人民实现"中国式"的美好生活，进而还能逐步影响和引领后发国家的发展方向，那么，我们将真正体现"三个代表"和科学发展，立于不败之地。

三、合理又现实的选择

建设"幸福小康"的社会主义社会，包括物质与精神两大方面。这里说的"小康"不是指小富即安，而是相对富裕，不是指一部分人，而是指绝大多数人。中国已经提出了"全面小康"的目标，这显然是合理的。但支撑它的经济基础与社会生产能力，究竟应该是个什么水准，却需要动态滚动，不断摸索调整。笔者以为，到本世纪中叶，达到人均 GDP8000—10000 美元，或者说达到世界人均 GDP 的水平，就可以说有实在的基础了。我们不一定非要加入"高收入国家"行列，不一定非要成为世界第一大经济体。如果追求那样的标准，且不说需要承担什么样的国际义务，承受什么样的国际压力，仅就环境和资源两项基本条件而言，能实现"环境友好型"和"资源节约型"社会吗？我国现在人均 GDP 是 5000 多美元，美国是 5 万多美元。要达到美国现有水平，我国的 GDP 将几乎是现有全世界各国国内生产总值的总和，这种目标有现实可能性吗？从全球 70 多亿人口出发，我们这五分之一的人带个更合理的头，不是很好吗？

这里说的"幸福"，首先是指广大民众的精神感受，让人们觉得在这个国家，这个社会里可以安居乐业，衣食无忧，能够得到接受教育、安全健康、多彩生活、生老病死等多种社会保障，因而有尊严感和集体满足感。而不在于个人、家庭或团体拥有多少巨额财富，过得怎样"高端奢华"，耀武扬威。尽管有关幸福指数的多种内容和标准并不完全会带来幸福的感觉，而且即使从指标上达标了，一些人也不会自然地就觉得幸福，但那些内容和标准的确实现了，就一定会增加人们的幸福感。此外，人们普遍存在一种攀比习惯，但是如果总是与西方发达国家比，与百万富翁或金领人士比，那么他就总会感到不公平，不幸福。所以，应该提倡人们的社会心理要结合社会现实，把个人与民族整体融合起来，这应该成为全社会共识。

皮尤国际曾经做过一个关于民众幸福感的国际调查，被调查到的几十个国家中，民众幸福感排在第一位的是不丹王国，是那个并不十分开放，生产力水平不高的喜马拉雅山地区以农牧业为主的小国，而不是发达国家中的某一个。是一个王国，而不是实行"普世价值"的"民主国家"。这个现象值得更多人们的思考。在我们国家的类似调查中，感到幸福的人群也不是身价百万、亿万的富豪，而大多数是收入并不很高的一般民众。这告诉我们一个什么道理呢？至少说明，物质财富并不是构成幸福最主要的因素，它只是必要条件之一，而不是充分条件。

自然，人类社会的发展目标也一定要兼顾物质与精神两个方面，这才是硬道理。

这个硬道理的实施离不开现实条件与社会环境的支撑。什么样的制度、体制更有利于体现这个硬道理呢？可以说，人类经过反复探索，至今尚未有最终定论，但一些基本的诉求还是清楚的。比如说要有物质基础，要有社会公正，要有秩序规范，要有个人权益，要有文化享受，要有家庭美满，要有自由空间等等。然而，从人类社会发展的具体历史来看，要实现上述任何一条都充满着矛盾，而各种诉求之间也包含着许多矛盾。比如，要有物质基础，就有生产力发展方式的问题。从现实经历中观察，计划经济不如市场经济效率高，但后者又难以实现更好的社会公平，其中的确存在"公平与效率"的选择和不断再选择；又比如，要有社会公正，就有民主与法治、民主与集中的协调问题。现实告诉我们：民主可能不是最好的，专制也并非最坏，其中的确存在不同发展阶段有不同的公平标准，以及同样存在的公平与效率的平衡；还比如，规范秩序与个人权益、自由空间本身就存在如何兼顾的矛盾。看起来，个人主义不是完全不合理，但集体主义和利他精神同样是社会所必须，单纯偏向哪一方面都不可能完全理性与可持续；再比如，文化享受和家庭美满是人们追求幸福所必有的内容，但它与社会发展程度与物质基础相关联，又与公民社会的文明程度与社会道德体系直接相关。"三十亩地一头牛，老婆孩子热炕头"显然不能满足现代人的需求。但社会中百分之三四十的孩子是非婚生或单亲家庭成员，那么，无论他们哪一代人会很幸福吗？我们不知道同性恋婚姻是否是个人权利和自由空间的选项，但我们的确知道，人类繁衍不能依靠同性之爱为继。凡此等等都说明，人类社会需要不断地选择、调整与变革，以制造更科学合理、更能满足其最基本需求的社会环境，也就是更好的社会制度与体制。

从人类历史进程来看，苏联式的社会主义，那种建立在完全公有制基础上，一律实行计划经济的制度，在一定历史阶段是可行的，也曾经是成功的。但在发展到一定阶段后，僵化、教条束缚了生产力的进一步发展，同时，它未重视社会建设和社会积累，未着力解决民生问题，又要与西方竞争军事优势，最终被拖垮了。苏联的教训并不在于社会主义制度不好，否则它就不可能成为超级大国，而是缺乏不断地调整、修正与变革，失去了活力，没有能满足人们不断增长的物质、文化多方面的需求，从而失去了人民的支持。（当然，也不能忽略美国为首的西方，在冷战中无所不用其极的因素。）西方资本主义制度能够发展到今天，并在很大程度上掌控世界潮流，一个重要方面是因为它不断地修正、变革，包括从马克思主义和社会主义运动实践中汲取营养。从早期的大卫·李嘉图、亚当·斯密，到大萧条后的凯恩斯，再到现代西方各种社会、政治、经济理论，已经发生了很大变化。从企业所有制形态、社会保障体系、政府对经济的管理、社会发展模式等等方面，都能看到马克思主义和社会主义运动的影响。但是，完全建立在资本利益为核心基础上的资本主义制度，越来越暴露出它存在根本性的弊端，已不只是会有周期性危机，而是存在结构性缺陷；已不只是经济运行出了毛病，而是也反映出其基本制度理念的不适应；已不是修修补补就能解决，而是需要做大的手术。更为重要的是，资本主义制度过去能够造就出西方发达国家，但它的确无法使绝大多数第三世界国家都发达起来，否则，怎么解释世界上有各种各类上百种的社会主义理论与实验？又怎么解释几乎所有国家都提出要进行社会改革（包括资本主义成熟发达的西方国家）？

所以，历史没有终结，全人类需要创新，而最好的创新应该是综合与改良，是探索能够涵盖人们多种合理诉求、具有最大公约数的那样一种制度——既要发展生产力，提供人类生存所需的物质条件，又不能破坏环境，浪费资源；既要推动经济，又要搞好社会建设（不能仅限于社会管理），使人们平等享有机会，和谐生活；既要衣食无忧，又要文化享受，满足精神需求；既要有较高效率，又要有普遍公正，不仅保障多数人权益，还要保护社会的创造力；既要有个人心情舒畅，又要有统一意志，增强应对各种挑战的能力；既要有自由和个人利益，又要有纪律和秩序，使人们在统一的道德体系与社会共富的框架内，合而不同；等等……笔者认为，幸福小康式的社会主义社会，最接近上述理想，也最容易践行。

四、幸福小康具有深厚社会文化基础

中华人民共和国宪法规定：我国实行马克思主义思想指导下的社会主义制度，这个基本原则是不容违背的。马克思主义是发展的，与时俱进的，其本质也是人道主义的。实行改革开放，引入市场经济体制，并没有改变我们的基本制度，而是加强了整个社会的活力，为争取实现幸福小康打下了厚实的基础。我们甚至可以说，建设中国特色社会主义，就是建设一个幸福小康社会主义。这个论断应该是实事求是的，是符合人类发展方向和实际环境条件的，它不是一个乌托邦式的空想，而是就人类现有的认知水平，完全可以达到的目标。

马克思主义的产生以及社会主义、共产主义思想，不是马克思、恩格斯等人的杜撰，一定意义上，是资本主义兴起过程中所表现出的残酷，对无产阶级劳动人民的剥削、压迫和不人道而激发出来的。我们这里不论述在那种历史环境下，阶级革命和共产主义运动的历史必然性，但是笔者认为，《共产党宣言》中关于"无产阶级只有解放全人类，才能最后解放自己"的论断，仍然是有深刻道理和深远意义的。把这个论断拿到现今世界，是不是可以提出：资产阶级和资本主义如果不能够解决全人类的问题，那么它必将被别的什么所代替。

共产党是马克思主义的产物，也是阶级压迫的产物。她犯过一些错误，但认为"无产阶级只有解放全人类，才能最后解放自己"的理念没有错，"为人民服务"的宗旨没有错，她提出的实事求是思想路线和坚持改革开放没有错，那么，现阶段提倡幸福小康社会主义，完全符合共产党的宗旨和执政理念，也完全符合大多数人民的整体利益，定然也是不会有错的。

中国是个具有五千年文明传承的古老大国，中国传统文化的形成并延续至今，始终贯穿着世俗主义（现实主义）和人文主义精神，也体现着朴素的人道主义。"民心大可见"，"民为贵"，"天听自我民听，天视自我民视"，"仁者爱人"，"和谐思想"，"内圣而外王"的理念等等，都体现着对"民"的重视。孔子的"大同"世界理想也是历代人民所认同和向往的。当我们按照"取其精华，去其糟粕"的精神，提取传统文化中的精要内容，结合当前社会实际，继承优良部分并将之发扬光大，就不仅能体会它的伟大生命力和深厚社会意义，而且能形成对当今和今后具有指导作用的精神财富。随着中国崛起，中华传统文化的精髓一定会对世界产生越来越大的影响。

需要指出的是，中华传统文化的本质与马克思主义的精神、共产党人的信仰，并不相悖。只要不把它们当作教条，刻板地去理解，而是用发展的眼光，与时俱进地加以运用，那么，它们都会产生推动社会进步的真实价值。从西学东渐的过程看，马克思主义不仅带来了我国的巨大社会变革，而且在中华大地上别开生面，独树一帜，"中国化"的马克思主义不断发展，形成了"中国道路"的思想、理论和制度体系，对世界产生着越来越大的影响力。共和国六十多年的经历和改革开放三十多年的实绩，已经很说明问题。总不能把如此巨大的变化，说成是"瞎猫碰上死耗子"，而与一系列方针、路线、政策和应对措施无关吧？总不能把当今仍然存在的问题和乱象，说成是社会的倒退吧？相反，应该说，这些问题和乱象的存在，恰恰是对自己传统文化精神丢弃的太多，对西方文化盲目崇信而消化不良的结果，也是对共产党文化坚持不够、不力的结果。所以，提出幸福小康社会主义，正是一种纠偏修正，是一种新的、更加合理科学体系的构建。

幸福小康的社会需要着眼于整个国家，全体人民，既要有意愿、能力去帮助弱势群体，又要保持一定的竞争态势，鼓励创造力，使社会生产效率不断提高。那就必须，一方面利用好市场经济的规律，并针对其自有的结构性问题，探索兴利除弊的新方式；另一方面，要保护和发扬利他精神、集体主义的思想与社会基础。过度强调个人利益，过度鼓励个人主义，自我实现，会破坏整个社会机体的健康，恶化整体社会的良好秩序。在这方面，我们的传统文化会发挥很大的积极作用。我们的国家确实没有跨越几百年的公民社会的积淀，也没有跨越两千年的基督教文化的调节功能，但我们确有集体主义、现实主义的社会基础，有多元开放、包容共享的历史传统。我们根本无法做到重新"启蒙"，从根上彻底改造整个民族，但我们可以学习并借鉴人类社会发展中一切好的东西，建设一个能体现人类进步的新模式。中国式的，有规划、有调控的市场经济体制，就是一个初步成功的探索。说到这里，笔者想到了泰王国，一个佛教兴盛、社会平和的东方国家，实行了市场经济，又遭到西方两次金融危机阻击，结果被红衫军、黄衫军闹得不可开交。据说红衫军代表广大农村地区人民的利益，黄衫军代表城市中产阶级利益，那样争斗的结果谁能得利呢？搞得不好，恐怕是两败俱伤，国家受创。这里面有深刻的教训，值得人们深思。

由于中国地大人多，自然禀赋条件特殊，四分之三是山地、高原、沙漠和丘陵，要用不足20亿亩土地来养活13亿以上的人口，这就决定了我们无法完全采用西方那种模式，来维持自己民族的生存与发展。试想，我们能够像美国和欧洲国家那样，把百分之九十以上的人口都组织到城镇生活吗？我们能够在山区、丘陵地带，完全去除"小农经济"，而一律采用现代农业大生产方式吗？笔者表示怀疑。看起来，无论是农业现代化，还是城市化，中国只能根据自己的特点，走一条与其他西方发达国家不同的道路，而广大农业地区乃至全体国民，其生活水平与生活方式，也只能有自己的标准和模式。在这种实际国情条件下，要想实现共同富裕，减少贫富差距过大的不平衡状况，政府与社会的职能就需要充分发挥作用。除了社会保障的全履盖，二、三次分配的调节，特别是加大财政的转移支付，就显得必不可少。而且，对其力度的要求也会越来越大。但是，又不能搞出个高福利，使得社会生产效率降低，政府财政"寅吃卯粮"而不可持续，就像希腊等国目前那种情况。那么，什么样的社会制度，什么样的生活水准和方式，才能更好地做到这些？显然，只有幸福小康式的社会主义制度，最能适应这样的需要。

由中国推及全世界，这个地球上70亿人口中，有85%的人生活在不发达国家，处于贫困状况的超过10亿人，不少地方的人们还在挨饿。据统计，不计算中国减贫的数量，全世界贫困人口还在上升，只有包括中国在内，联合国的千年减贫计划才表现得有所成效。所以，联合国有关人士称：中国对世界的减贫计划贡献最大。前些年有国际机构宣称，一个美国中产阶级家庭一年的开支，能够养活1000个贫困的非洲人。那么，是让这1000个非洲人赶上美国中产阶级的生活水平现实呢，还是让美国和西方人节俭一些，去提升非洲人的生活水平现实呢？广大第三世界国家，是争取过"幸福小康"式的生活现实，还是追赶发达国家的生活水平现实呢？

争取"幸福小康"的目标与实现发达国家那样的现代化目标有很大不同，因此，所采用的方式、制度，也应该有所不同。

中国快速崛起的同时，国际环境也变得更为复杂，正所谓"木秀于林，风必摧之"。西方国家，尤其是美国对我实行接触加扼制的策略，导致接触不断深化，扼制也不断强化，这不以我国的意志为转移。可以预见，今后很长的时间内，国际环境的影响力和对外关系的重要性，一定会大大增强。我们不能一厢情愿地认为，只要关起门来做好自己的事情，就可以高枕无忧。由此，国家的安全稳定就成为实现前进目标的前提，也是实现"幸福小康"的前提。而正确处理国际关系问题，也就成为不可忽视的重要环节。当我们摆脱了陷入所谓政权合法性的漩涡，国家安全稳定有了体制保障时，我们才可以从容改善各种体制机制障碍，实现一个更加合理科学的制度。

西方舆论总攻击我国是"威权主义"，这仍是以西方模式为本体立场的产物。问题是，我们这样一个十几亿人口的复杂大一统国家，怎样才能保持稳定统一，怎样才能凝聚多数人意志，团结多数人力量，形成相对一致的政治意愿，以确保国家、民族的整体、长远利益呢？显然，一个弱势的政府，无法有效平衡不同利益集团的诉求，无法有效调节地域和人群间的巨大差异，无法有效调控市场经济的周期性波动，无法达成一个稳定前进的政治格局，更无法从长远规划、统筹各个方面，应对多重挑战，当然也就难以保障多数人不断增长的物质、文化需求，更不要说有效应对国际环境的压力了，这一点我们在世界各地见得多了。

从实际效果来看，我国实行的体制至少保证了截止到目前的"中兴"。中国快速崛起的实践，证明了现行体制优越性的一面，而对于我们实现"幸福小康"的目标，这种体制更是利大于弊。至于现体制中的弊端，则需要不断探索改良，而不是去颠覆，去推倒重来。引进西式民主，首先会造成体制的不稳，没有国家的安全稳定，其实什么大事也做不成。如果把西式民主当作终极目标，则更是混淆了手段和目的，其结果不会对我国及其人民有利。那么，对谁有利呢？完全可以想象。所以，仅有"善良的愿望"是绝对不够的。列宁说过，"善良的愿望往往是通向地狱的道路"，这句话值得人们思考。最近出现了一个有趣的事情：美国大型企业研究会针对 70 名 CEO 展开了一项调查。当被问及世界上哪些组织最称职可信时，这些 CEO 把自己排在第一位，第二位是中央银行，而"中国共产党"竟出乎意料地排在第三位，大大高于美国总统和国会。由此，我们能得到什么启发呢？是不是应该建立一个基本共识：即什么样的制度和体制有利于建设"幸福小康"，就应当朝这个方向努力，而不是别人认为什么制度好，就朝别人设计的方向去做。

中国是共产党领导的国家，进一步地改革，重要的是党和国家领导制度的改革。那么，改革的目的，除了加强国家的安全与稳定之外，应当是维护和改善党的领导，而不是削弱她的领导。改善党的领导，首先要进一步发挥党内民主，改进决策程序，也包括改进干部选拔制度（即"吏制"）和对公权力的制约与监督。需要达成一个共识，即全社会的"幸福小康"必须依赖于国家制度的保障，必须依靠执政党的清明理政。如果8000万党员的主观积极性得以充分发挥，而他们又善于联系广大民众，那么，中国共产党"发动群众"的这个成功法宝，就会在新时期发挥巨大作用，而这也会成为全民构建"幸福小康"的内容和动力。

如果我们确立"幸福小康"的社会发展目标，那么，按照这个目标，探索和建立与之相适应的制度体制以及文化思想道德体系，就是必须的战略课题。由此，加强社会建设（而不仅仅是改善社会管理）也会成为其中重要的内容。在这方面，有充分的空间值得探索、值得创新，有充分的挑战值得面对、值得战胜。中国共产党人和中国人民，应当有这个胆识，有这个勇气，也有这个智慧。因为这是更深层次的改革，是对国家与民族前途，对全世界都有深远影响的改革。

实现"幸福小康"需要进一步地改革，其中不能不涉及治理腐败的问题。腐败现象的广泛存在，不仅影响整个社会的健康发展，而且直接破坏着所有民众的幸福感，群众最不能容忍的就是腐败现象。但是，腐败问题的产生，关键在于权力的运行和拜金主义的流行，在于权钱交易的黑洞，而不在权力本身，因为没有权力的社会其实是不存在的。我们大力提倡全民共建"幸福小康"，提倡共同富裕和集体幸福感，就会从社会道德层面产生摒弃拜金主义的功效。同时，铲除腐败不能只有道德审判和严肃办案，重要的是制度建设。应该承认，一方面，我们的腐败问题仍然严重，另一方面，我国反腐败的治理力度也是发展中国家里少有的。如果在党和国家领导制度的改革方面，特别是进一步发挥党内民主，改进决策程序，使权力在阳光下运行，加强群众监督和舆论监督，以及"吏制"的改善方面能有突破而获实质性进展，相信腐败问题也一定会得到有效扼制。这里面有一个问题可以讨论，即从国家前途、民族复兴的大局看，是发展和繁荣最重要，还是反腐最重要？腐败的确可以抑制发展和破坏繁荣，但反腐败不一定能代替发展，制造繁荣。反腐败是发展与繁荣必有的题中之意，反腐败的成效也应该在发展和繁荣过程中去实现。对这些要件的辩证关系，是不是也应有个理性的认识？笔者知道，这种议论会遭到"板砖"，但客观冷静的理解是不是也必要呢？因为它真的关系到大局，也关系到从根本上治理腐败的问题。

总之，把中国摆在全球大格局中，从世界历史进程和中国历史演变的实际里，去进行观察与综合分析，笔者认为，提出"幸福小康"社会主义的发展目标，乃是具有现实可行性的战略性选择。如果我们高举这样的旗帜，应该能够凝聚大多数国人的意志，共同去争取一个美好的、可持续的未来。在这样的旗帜下，可以化解现存的许多矛盾和问题，既可继往，又可以开来。如果我们能够在这条道路上取得成功，我国的软实力和国际影响力就会大为提升，就会在道德制高点和人心向背上争取到很大的话语权。而所有这些方面，也都是中华民族伟大复兴的必有内容。当然，"幸福小康"不是一个口号，它应该是一项大的系统的战略工程，涉及方方面面，需要认认真真地研究、设计、规划。希望更多有识之士参加到这项系统工程中来，成为民族复兴的思想者、设计者、创造者、践行者，唯此，中华民族幸甚，中国幸甚，中国人民幸甚，这个世界也幸甚！

2012 年 5 月

关于塑造民族精神文化的思考

当代中国，社会转型，发展快速，日新月异，又多元化碰撞，内外冲击，民情浮躁。这么古老而又崭新、进步巨大而又局面复杂的十几亿人口的大国，现在似乎缺少了一种主导的精神支柱，以凝聚和引领社会民心。而这种精神的东西，应该既适合我们民族的传统，又适应时代发展的要求，同时能体现执政的理念；既能使国家、社会、民众有共识的方向感，又能在凝神聚力的同时，起到引领教化的作用。笔者认为，这是中华民族复兴大业中绝对不可或缺的内容。怎样概括提炼出这种精神的东西，又怎样使之为社会多数所认同、接受并践行，笔者不敢狂妄。但作为热爱自己国家和民族的社会一员，把自己的有关思考梳理一下，提出个思路以抛砖引玉，如能由此而引发更多人的议论，这个过程想来也是有意义的。

在历史转承启合的当今时代，如果我们提倡在"天人合一"的理念下，用现代的视角，重彰"内圣外王"的精神，并把它作为自己国家民族核心价值体系的内核，对内以支撑民族精神的再塑，对外以匡正西方"普世价值观"的消极影响，并用它来指导社会建设，相信会具有现实而长远的战略意义。

（一）

　　"内圣外王"最早由庄子提出，但它却很好地体现了孔孟倡导的理想人格和理想政治，它是儒家学说与道家学说相通的精神。"内圣外王"是儒家人本主义思想学说的核心内容。它把人的道德品格追求和理想社会秩序与政治追求联系起来，强调格物、致知、正心、诚意、修身、齐家、治国、平天下这八个方面的统一，提倡"大学之道，在明明德，在亲民，在止于至善"，"修己以安人，修己以安百姓"，这样的思想曾经影响了中华民族几千年，这种精神境界在今天仍是不过时的。今天的干部，特别是领导干部，太需要这样的精神境界，太需要为此而加强自身修养。今天的民众也十分需要这样的精神境界，需要有道德品行的修养。修身既是格物、致知，客观认识事物、追求实事求是的需要，也是正心、诚意，端正人生态度、追求社会正义的必要功夫课程，更是齐家治国平天下的内在基础。

共产党人讲求在改造客观世界的过程中，不断自觉改造自己的主观世界，不也是强调这种精神，以不断适应人类由"必然王国"向"自由王国"演进的客观需要吗？领导者若不能以君子之德存世，何以引领群众以德处世呢？人人都不以德为先，与人为善，又如何实现以人为本的社会文明，国家又何以进步呢？

中华文明几千年绵延至今，其文化根源在于"圣人"学说引领。西方政治人士和学者一再讲中国人没有宗教信仰，缺乏精神支柱，少了"善"的追求，因此难有未来。他们甚至把柏林墙倒塌、苏联解体、冷战结束，称为"历史的终结"，宣称中国唯有全面西化才是出路。其实，他们完全没有搞懂我们悠久文化中有"圣人崇拜"，"圣人"的学说乃至所言所行，就是上至帝王官宦，下至学子庶民的楷模规范。帝王将相皆要讲"子曰"，普通民众也都遵圣人教诲。科举制度选拔官员，都是饱读圣贤书的寒窗之士。所谓"半部《论语》治天下"，可见其影响力之深广悠长。尽管历史上"圣人"的学说和理想追求并未真正得到封建统治阶级的全面实行，但它一直高悬于中华历史的时空之中，成为社会发展正道和正义的标准，始终是社会大众认同的价值追求。当帝王骄奢淫逸、残暴统治甚行之日，就到了改朝换代、社会调整之时，历朝历代盖莫能外。这恰恰证明，远离"圣人学说"，就要亡国亡朝。于是对圣人的信仰，在相当长历史空间里始终坚实存在。这种"圣人崇拜"在一定意义上具有了与宗教信仰相同的社会功能，但同时它的社会影响力远高于、广于、深于各种宗教学说。西方有个"神"，我们有个"圣"，如果说上帝永恒存在，指引教化人们，那么我们永远遵信"圣"，在"尊尊亲亲"的规矩中，突出个"圣圣"，不是更现实亲近吗？

"圣人崇拜"不是图腾崇拜那样的精神寄托，而是形成了中华社会中一种特有的"圣人信仰"，是一种精神追求和社会道德的价值信仰。它来自于对人的现实社会的深刻思考和理解，来自于对古代圣贤明君的认同。尧德智俱全，亲和九族，平章百姓，协和万邦；舜性至孝悌，以德化民，率先垂范；禹施仁政，整治道德政治法则，作《洪范》九畴，概言天地之道和修身为政；周文、武、周公，整肃礼、乐、刑政，以"仁"为立身之本，以"礼"为立教之本……。这些都成为儒学的出发点。儒家"祖述尧舜，宪章文武"，"助人君顺阴阳，明教化者也，游文于六经之中，留意于仁义之际"，"于道为最高"——这是我们传统文化的精要所在。它不是寄望于神仙上帝，而是从现实社会中寻找出社会人生的标准参照，以能摸得到的榜样力量教化引领社会。我们说儒家学说是"入世"的学说，是完全世俗主义、人文主义的理论，因此它才有深深的社会根基和强大的生命力。这可能就是它成为四大古文明唯一传承至今的内在原因。

但我们的圣人先贤并没有因此而唯我独尊，而是秉持"和而不同"与"敬鬼神而远之"的理念，并不排斥其他学说和宗教，孔子还亲自去向老子讨教。我们的历史也就没有发生过"十字军远征"那类宗教战争和针对"异教徒"的征伐。这也造就了中华文化中儒、释、道并存，相安无事，平和包容的特殊形态。

南怀瑾大师在《论语别裁》中，形象地把儒、释、道比喻成"粮店"、"百货店"和"药店"，"百货店"可去也可不去，可买东西也可不买东西，但人和社会却离不开"粮店"，也离不开"药店"。没有了这些人们生活所必需的"店"，他们如何生存下去呢？近代以来，当我们的社会出现片面彻底打破这种"圣人信仰"、取消所有这些"店"，妄图消灭传统文化时，我们社会就发生了秩序和道德失范失序现象，甚至出现动乱，这不应该引起我们的深刻反思吗？

（二）

中华文化以"圣人学说"为尊，而圣人学说尤以儒家思想为胜。有一种说法称儒家学说是为封建统治阶级服务的，这种论断并未反映其全部实质。一种学说思想能传承和影响社会发展几千年，并形成主流地位，绝不仅仅因为其只适应统治阶级需要这么简单。清雍正特意在处理政务的养心殿悬挂上从《大宝箴》摘录并亲笔书写的对联："惟以一人治天下，岂为天下奉一人"，反映封建帝王对统治的认识，皇帝朝廷是要尽治理天下责任的。实际上，统治者和被统治者是对立统一的关系，没有被统治阶级的存在，统治阶级何以统治？双方都不可能脱离对方而独立存在。那么，一种社会主流思想学说的存在和持续发生影响力，就一定是对立统一的双方都有某种认同，适于各方利益的起码所需，或至少大致都能接受才能实现的，这应该是历史唯物主义和辩证唯物主义必有的认识。如果承认儒家学说是民本主义的理论，又断定其只是为统治阶级服务，这在逻辑上也是不完全通的。

需要从"周礼"说起。"周礼"的始作俑者周公姬旦，在协助周武王伐纣，又辅佐年幼成王主政时，深深震撼于商纣王治下武装纷纷起义投奔周武的事实，意识到"天畏棐忱，民情大可见"，领悟到"天听自我民听，天视自我民视"，"民之所欲，天必从之"，所以提出天子代天行道，须重视"民"的力量。体现了一种远神、轻神而重人事、重民心的人道精神。需要说明的是，这些认识发生在公元前 1000 年左右。他同时提出"天命靡常"，"天惟时求民主"，即人主由天因时为民而立，既受天命支配，也受民的约束；既要对天负责，也需对民负责。这种体察民的力量，重视民的利益要求，在一定程度上是肯定了民的人性和价值，这是周人思想观念在人性普遍化问题上的一次大跃迁。

在看重民的力量、一定程度上肯定民的价值及民情民意正当基础上，进而主张以敬德勤勉、宽惠克制的自律态度待民，在自身与民之间保持一种必要的张力和平衡，使民服从自己的统治。周人把这种态度和作为称之为"德"，"皇天无亲，惟德是辅"，"肆惟王其疾敬德，王其德之用，祈天永命"。只有看到统治者的问题弊病，而尊崇德，用德来实行统治，才可天保长命。只有明德才能保民，只有保民才配享天命，有德而民附民从，无德而民离民叛，"以德配天"、"敬德保民"是周人提出的统治思想之主要原则。"德"的内容已经很丰富了，包含当时认为好的思想、品质、态度和行为，其中有敬天、敬祖、遵王命、接受圣王先哲遗教、怜小人、慎行政、无逸、行教化、作新民、慎行罚等等，甚至要求统治者"惟民其康"，"用康保民"，要"治民祗惧，不敢荒宁"，"勿作怨，勿用非谋非彝"，要"知稼穑之艰难"，"知小人之依"，"怀保小民，惠鲜鳏寡"，还提出"人无于水监，当于民监"，老百姓在看着呢，已经包含了鲜明的人民性和进步性。

之所以用这些笔墨，并不是用溢美之词来渲染西周以周公旦为代表的政治家的明智，而是想强调说明，我们民族传统文化中很早就有了堪称人类文明进步的思想内涵。正是在周人这些思想影响下，逐步演化出对人的本性、人的价值、人格和人生完美性追求，以及道德和秩序对社会发展的意义等人类向精神层面拓展的广泛而深刻的学说思想，引发、孕育了儒家、道家等以人为本的世俗主义理论体系。

为了进一步说明问题，我们还可以把它与西方文化发展的历史作个对比：古希腊的城邦文化，发明了哲学和城邦民主，为人类留下好的遗产。但它只是为贵族阶级服务，而完全没有涉及占人数一半以上奴隶的存在，因而具有极大的局限性。后来被淹没在古罗马帝国巨大权力和君权神授的宗教统治大潮之中，之后就是欧洲长达千年的"黑暗中世纪"。到了公元十四五世纪，才有了"意大利文艺复兴"时代，这个时代之所以有重要历史意义，是因为它被称为"对神的叛离"，是"人的发现"，体现了前所未有的世俗主义和人文主义精神，从而引发了十六、十七世纪的"启蒙运动"，推动形成了自由、平等、博爱、人权及社会契约等内容的西方价值观体系。如果说"文艺复兴"导致了世俗主义和人文主义兴起及西方的振兴，那么，这种精神文化基因在早于西方2000—3000年，就形成并兴盛于中华文化博大精深的体系之中了，并且一直延续至今。这不是在解读历史，而是在记述历史的事实。这种事实还表现为中国十几个世纪都是世界上发达的国家，而西方却经历了很长很长的宗教统治时期。对比之下，汉唐的兴盛，正是在中华自身先进文化的基础上实现的。明郑和率万人船队下西洋，也是很好的例证。

正是中华传统文化中有鲜明的民本主义、人文主义和包含其中的朴素人道主义精神，它符合了人的自然属性、社会属性和精神属性统一的人之本性，所以才得以延绵数千年而"香火"不断。不能想象一个超世俗、反人文、非人道的文化体系能强大到如此旺盛的生命力。对此，我们难道不该有起码的认同和尊重吗？

（三）

儒家学说发轫于尧、舜、禹这些古代圣明之君的政治、道德实践，基于对人世遭逢的切身体验和对于宇宙人生的深沉思考，凝结为关于宇宙人生的本质、人生意义与价值，以及达到理想人生的根本观点和态度，形成了人本主义的学说。几经演化、融合、丰富，成为民族精神的主要内容。对于整个中华民族的思维方式、价值取向、文化心理、人文与社会理想以及社会政治格局都产生了极为深刻的影响。而儒家思想的一个核心，应该就是"仁爱"。

孔子讲"仁者人也"，承认人的生物属性，又具有社会属性，表明道德是人的最高本质，是人与动物最根本的区别，也是人之为人的根本依据。而人的道德最普遍、最深刻的表现就是"仁"。这个"仁"既是对民众的要求，也是对统治者的要求。"仁"的含义至少包括：第一，"爱人"。"仁"的真谛即"忠恕"，一方面"己欲立而立人，己欲达而达人"；另一方面是"己所不欲，勿施于人"。第二，克己修身，依道而行。"克己复礼为仁，一日克己复礼，天下归仁焉"。人要遵守社会规范，才能保持人和社会的和谐友善。提倡内修外行，修己以敬内，安人以平世，仁民爱物，尊尊亲亲。尊重该尊重的人，如长者、师者、尊者等；亲善应善待的人，如至亲、族人、乡里，并且推至"老吾老以及人之老，幼吾幼以及人之幼"。以孝悌尊亲的原则来建立符合"仁"的原则的人际关系和社会秩序。第三，将"仁"与君子人格联系起来，建立起"仁"这种道德规范人格化的实现载体，君子离开了"仁"就无以为君子，而"仁"没有了君子就不能存在和彰显。人人皆以君子之德修己自重，修身安外，就把道德和事功并联起来，就是说以君子标准修身，既是为理想人格修己，更是为事功，为社会，为齐家、治国、平天下。这样理想境界的实现就有了途径。第四，"允执厥中"，以用中为常，和谐中庸。主张"执其两端，用其中于民"，要求人们把握矛盾的两端或对立面，避免走极端，维持矛盾双方的联结、平衡、协调。"中庸"作为一种修身范行、为政治民的方法论，既反对"过"，也反对"不及"，相信"物极必反"而严把中立；既维持"仁"的精神，又兼容两端，达到"和而不同"。

孟子说："恻隐之心，人皆有之；羞恶之心，人皆有之；恭敬之心，人皆有之；是非之心，人皆有之。恻隐之心，仁也；羞恶之心，义也；恭敬之心，礼也；是非之心，智也。仁义礼智，非由外铄也，我固有之也。""仁，人之安宅也；义，人之正路也"。

"亲亲而仁民，仁民而爱物"。同时还强调"人皆可以为尧舜"，体现出人是平等的，仁义礼智适应于所有的人，这也就强调了人的道德普遍性和理性，表明了人与人、人与社会的关系以及人的社会义务。孟子还进一步提出"民为贵，礼稷次之，君为轻"的理念，指出"行仁政而王，莫之能御也"，"其身正而天下归之"。还主张"故士穷不失义，达不离道"，"得志，泽加于民；不得志，修身见于世。穷则独善其身，达则兼善天下"。"富贵不能淫，贫贱不能移，威武不能屈，此为大丈夫"。"生亦我所欲也，义亦我所欲也，二者不可兼得，舍生而取义者也"。提倡坚持社会大义而养成浩然之气。

有人说孔孟之道是愚民政策，最典型就是孟子所言："民可使由之，不可使知之"。依笔者见，这种解读与其"民为贵，君为轻"的思想主张是完全背离的。如果我们对这句文言古语重新断句，写成"民可，使由之；不可，使知之"。即老百姓认可的，让他去做；不理解、不认可的，要让他们懂得、知晓，这也体现出孔孟一贯主张教化于民的思想。如此一来就与孟子的总体主张相一致，也就不见愚民的意思了。

上面摘要概括的孔孟之思想，有哪一条是现今不合时宜、陈旧而过气的呢？有哪一条是当今社会不需要而该批判、舍弃的呢？儒家学说中这些关于人和社会的思想理念，已经深深根植于我们民族的血脉之中，铸就了中华文明的精神支柱。历史上，它屡经冲击而始终不衰，近代以来，它累遭破坏而生生不息。与此同时，它给了我们民族逆境中重新崛起的强力精神支撑。今天仍可以断定，没有中华传统文化的精神武器和思想武器，我们的国家就走不到今天，更实现不了民族的伟大复兴。反观今天的现实，太多的物欲横流，自我膨胀，无视社会道义，道德底线屡屡被冲破。有为官者腐败不止，有富贵者骄奢淫逸，有贫贱者不知所宗。他们大都妄却了老祖宗的教诲，妄却了圣人之言、君子之道，更谈不上身体力行。一个无边界的"自由"和一个放任的"个人利益"，就把人们的思想搞成这种样子，把社会规范冲击成如此乱象丛生。如果放任下去，我们的国家和民族会滑向何方？她们的希望和未来又在哪里呢？

完全按西方价值观改造中国和中国人，这现实吗？可能吗？东西方人的生存环境、生存历史、生存文化、生存手段都相差很远，我们是不是要先忘掉自己的历史，忘掉自己的祖先？是不是要先普及基督教，改成全民都信仰上帝？是不是该信奉"丛林法则"，实行弱肉强食的霸权主义？是不是应摒弃仁、义、礼、智、信，而全面追求自由和个人利益？如果这些都可以做到，全民族都彻底来个脱胎换骨的改造，那我们还是中国和中国人吗？我们又会得到什么呢？从现实社会观察，那么多非西方世界的国家学走西方的路子，大都陷入了混乱或"民主的困境"（美国胡佛研究所研究员拉里·戴蒙德语），即使是西方人种为主的中南美洲和东欧，也都长时间在"中等收入陷阱"中徘徊不前，我们能不蹈这种覆辙吗？我们到底该走什么样的路，才最能保护全民族的福祉呢？

（四）

美国著名历史学家、哲学家，《世界文明史》作者威尔·杜兰特，专门写了一本书《历史上最伟大的思想家》，向世人推荐十位最有影响力的思想家，中国的孔子名列其中，并作为第一位向人们介绍。这是这位自由勋章和普利策奖获得者，在研究世界文明发展演变历史中得出的观察结果。1988 年，西方 75 位诺贝尔奖获得者在巴黎聚会，在新闻发布会上，1970 年物理学诺贝尔奖获得者汉内斯·阿尔文博士语惊四座，他说："人类要生存下去，就必须回到 25 个世纪以前去吸取孔子的智慧。"这是在他等离子物理学研究领域的辉煌生涯即将结速时得出的结论。我们大家都知道，在联合国大厅中镌刻着"己所不欲，勿施于人"的格言警句，表明中国传统文化中人与社会的道德标准，也是世界意义的道德规范。西方一些有识之士甚至国际社会都这样认识和推崇中国的圣人之道，我们自己为什么要远离它呢？

我们今天重彰"内圣外王"，把它作为大道而尊重和践行，用更加宽广而深邃的视野，取其精华，与时俱进地古为今用，活学活用，对于净化和进化人们的道德思想，确立社会正确的方向和规范，实在是很重要的事情。我们何必要舍本求末，到外国去寻找重塑自己社会的"普世价值"？只要怀着尊重和敬畏的态度，在本民族的精神文明中，自己的传统文化中去挖掘、去继承、去弘扬，并且有意识地把西学与中学好的东西拿来共鉴与融合，就一定会找到中华民族伟大复兴、实现现代文明国家的方向和路径。

比如，我们现在讲"内圣外王"，就是讲国家要行王道，施仁政，不搞霸权、独裁。走中国特色社会主义道路，和平崛起，实现中国梦，就是现代的王道仁政；绝不称霸，反对霸权主义，独立自主，和平共处，睦邻友好，合作共赢，就是现代的王道仁政；为了实现国家的繁荣、富强、民主的目标，实行"一个中心，两个基本点"的基本路线，政治、经济、社会、文化、环境五位一体，统筹发展，就是现代的王道仁政；以人为本，为人民服务，改善民生，就是现代的王道仁政；坚持和改善中国共产党的领导，坚持党的民主集中制，严肃铁的纪律，认真实行群众路线，完善社会治理，就是现代的王道仁政；依法治国，建立良序，以德治国，培育社会主义核心价值体系，就是现代的王道仁政；等等，等等。

今天讲"内圣外王"，就是讲国家、社会、团体和民众，都要有信仰，有精神追求，有社会公正和责任义务。这种信仰、精神和公正、义务，包含着本民族历来就有的利他主义、集体主义精神，而不仅仅是个人利益与自我实现。要信仰我们先贤圣人的学说理念，信仰马克思主义的基本思想，信仰社会道义，信仰为人民服务的真正共产党文化，等等，等等。做人总要遵守做人的本分，恪守"仁者人也"的道德定义，内心总要有圣洁、神圣的理想精神和社会公德。哪怕心里有上帝、有佛陀，也不能让心灵空虚，或者被私欲充斥，形同缺乏灵魂一样，何况基督、佛祖的教义，也并没有与马克思主义基本精神完全相悖。做人就是要讲"克己修身"，正心、诚意；共产党员总要坚持党性修养，为党的即人民的事业而勤奋努力，做不到大公无私，至少要先公后私；官员要恪守"官道"，以造福一方百姓为己任，廉洁奉公。公义就是公义，私利就是私利，不能把公权与私利搅合在一起，更不能以公权谋私利。要当官就要讲大义，要谋利就不要当"官吏"。现今实行市场经济，两者都可施展才华和报复。就像火车的双轨，就是不能把双轨交集并轨，那样一定要翻车的。社会要讲"没有规矩不成方圆"，讲正义，讲秩序。百姓也要讲孝悌，讲立人立己，讲守法，讲德行。不能乱闯红灯，更不能没有底线。等等。

今天讲"内圣外王"，就是追求以德治国，要讲"仁义"，讲善良，讲廉耻，讲浩然正气；讲威武不屈，富贵不淫，贫贱不移；讲君子之德，社会大义；讲尊重善待他人，诚实守信；讲达人达己，先天下之忧而忧，后天下之乐而乐；讲"己所不欲，勿施于人"，讲"莫以善小而不为，莫以恶小而为之"；等等，等等。

不能说这些讲究是"洗脑"，是意识形态的灌输，而应把它作为人性的必然要求，中国人的祖训，中国社会发展的必须。

坚持"内圣外王"，一个基本支点是坚持和改善共产党的领导。一个国家和民族没有一个领导核心，根本不可能存立于世界。特别是我们十几亿人口的大国，在已形成多元化的当今，没有一个强有力的领导核心，必定会成为一盘散沙，国将不国，族不成族，所有的正当利益都无法实现。我们民族不是没有那种悲惨的体验，也绝不会"好了伤疤忘了痛"。现在的问题是，这个领导核心要担当得起她所承担的民族使命与历史责任。回顾中国共产党九十多年的宏大业绩，她已成功实现了中国从"东亚病夫"向世界强国崛起的初级阶段任务。而她现今的执政理念，包括她实现民族伟大复兴"中国梦"的规划蓝图，她制定的"两个百年"奋斗目标，以及一系列道路、方针、政策，都是其他任何政治力量所无法提出更不能取代的。这也是当今活生生的现实。

我们不会否认中国共产党在探索民族复兴的过程中，也犯过大的错误，有过大的失误。也不会否认在今后进一步改革的进程中，仍然会犯这样那样的错误，因为我们是在做前无古人的事业。而这个事业至少是涉及十三亿多人口的共同事业。正因为如此，有理由要求领导我们事业的这个党，必须克服自身存在的各种缺点、错误、毛病，把过去成功的经验和优良传统统统找回来，并与时俱进地弘扬光大。共产党的核心价值就是为人民服务，一切背离这条宗旨的做法，都是腐蚀剂，都必须去除。由此出发，我们可以说"内圣外王"的现代版，就是中国共产党治党治国理政的基本理念和追求，这是有民族文化传统依据的，有共产党文化支撑的，有历史责任要求的。孟子说过"天将降大任于斯人也，必先苦其心志，劳其筋骨，饿其体肤，空乏其身，行拂乱其所为，所以动心忍性，曾益其所不能"。中国共产党已经经历过种种磨难，练就了很大的本事，如果再能经得起权利的考验，克服腐败问题的侵蚀，纠正"四风"的干扰，经过"行拂乱其所为"的历练，那么，那个曾经赢得全体人民拥护的共产党就真的回来了！历史与民族赋予她的大任，必定是担当得起的。儒、释、道都精深的大师南怀瑾先生说过："中国文化几千年，必定会产生共产主义、社会主义，这是一个必然的趋势。中国的现状也并不是结论哦！"我们应相信中国正走在这条大道上。

不要以为只有西方价值观才是普世正道，人类社会对公平正义美好的追求，东西方文明中许多地方有相通之处。我们民族是有厚重历史文化的民族，我们自然尊重历史，历史就是人类追求美好的过程和积淀。西方人讲平等，我们祖先讲"人皆可以为尧舜"。西方人讲自由，我们祖先讲"返璞归真，自在无为"。西方人讲博爱，我们祖先讲"泛爱众"，"仁者爱人"。西方人讲"社会契约"，我们祖先讲"克己复礼为仁"。西方人讲"适者生存"，我们祖先讲"道法自然"。西方人讲利益，我们祖先讲"民之所欲，天必从之"，"君子爱财，取之有道"，西方人讲理性，我们的祖先讲"天人合一"的宇宙人生哲学和"格物、致知、正心、诚意、修身、齐家、治国、平天下"统合的道理……。凡此种种，许多关于社会人生的价值追求，我们与西方并不完全相悖。深思一下，总觉得我们祖先的思想理念还是来得更加深厚广博。

作为中国人，如果你想追求普世的价值，就不能弃绝我们民族传统文化中那些优秀基因，而单纯到西方去"另辟蹊径"。人们都说，越是民族的，也越是世界的，这不仅适用于文化艺术领域，同样适用于更大范围的社会发展领域。道理其实很简单，唯物辩证法告诉我们，普遍性寓于特殊性之中，特殊性包含着普遍性。个性使事物具有自己的特点，是世界上各种事物千差万别的原因；共性使事物互相联结，使世界成为有机整体。共性存在于个性之中，个性表现和丰富了共性。东西方文化作为世界文化的组成部分，它们都是个性（特殊性）的体现，不能把一方作为共性（普遍性），另一方作为个性（特殊性）。我们要做的是从各种特殊性中去发现更为普遍性的内容，也就是更好的共同未来，而不是舍此求彼——因为那样做，至少在逻辑上也是不成立的。

（五）

　　应该特别关注"中庸"的思想。孔子说："中庸之为德也"，表明"中庸"不只是处人处事的方法，更是道德的要求，体现了一种对待矛盾事物的态度。即"执其两端，用其中于民"，把握对立两端，避免走极端，不要"过"，也不要"不及"。"过"与"不及"都容易产生机会主义，"过"可能犯"左"倾错误，"不及"就会犯"右"倾错误。对待人和事物，应贵和执中，和谐中庸。"君子和而不同，小人同而不和"。"同"是同一，"和"即共处。孔子坚持主体独立和原则，反对"同"而肯定"和"，主张"君子之中庸也，君子而时中"。这样才能做到"和而不同"，从而达到和谐共生的境界。这种兼容事物差别和对立面的互补，以及对待人和事物既不赞同其错误，又以自己正确思想加以补充影响，不强加于人的方法、态度，后人称之为"中庸之道"。

　　"中庸"的思想和西方尖锐二元对抗的思想有极大的不同，

西方人不能理解"和而不同"，不同就是不同，怎么还和？他们讲不同就要斗争，我们讲不同怎样共处。"中庸之道"不是不要原则，不偏不倚，左右逢源，油头滑脑那种处世哲学，它首先来自于对客观事物存在状态的宏观认识，即格物、致知；进而产生对客观事物的处理态度，要正心、诚意；然后提出人们从"修齐治平"出发，采取正确的策略方法。所以孔子称其为"德"，是以"仁"为特性的人之大道的规范内容之一，而不是庸俗人们所说的"术"。

笔者以为，这就是中国人的哲学特色，中国人的辩证法。它对中国人的人文精神有着深刻的影响。也正是这种哲学精神，造就了中国文化的开放包容性，也造就了不断吸取外来文化以丰富自己的文明进步性。也许正因如此，中华文化才能发展形成博大精深的体系。中华历史上虽然几度被外族人入侵主政，但最终却被同化了的史实也与此直接关联。可以说，也正是有这种文化元素，中国才能提出并实行和平崛起，才能提出构建和谐社会及和谐世界，才能提出"人类命运共同体"的理念，而别的文化却不一定都能提出这类大的方略。"中庸"是儒家文化中极具特色和影响深远的重要内容，是构建中华民族精神的重要思想武器。不要忘记，孔子还有"大同"的理想，通过"和而不同"的思想及方法，最终实现世界的大同，即"平天下"的意思。人们都承认是存在决定意识，那么，世界上有东西文化和各种不同的民族文化，这种共同的存在，也就决定了需要有"和而不同"的认识态度，不是吗？所以，西方人总揶揄中国是自诩的中央王国，我们却从文化意义上称中国是"中庸之国"，也未尝不可。

记得 2000 年，一位法国大学者在总结人类数千年的历史时，曾经说过这样一段话，大意是人类发明了商业活动，极大地提高了生产力的发展，也极大地提高了人类的生存能力及生活水平，同时，也极大地破坏了人类的思想道德体系。这样的判断让人震耳发聩。人类社会从公元算起已经走过两个千年又十四年，世界怎么还是乱哄哄的呢？经济发达的西方，六七年还不能彻底走出金融危机的阴影而完全复苏，影响全球几乎所有国家的经济运行；阿拉伯地区和北非"茉莉花革命"，已经成为一片动乱和战争，看不到解决的前景何在；美俄之间较劲愈演愈烈，颇似以前的冷战；美国实施"重返亚太"战略，围堵中国，越来越起劲，日本、菲律宾、越南充当马前卒，乘机借力捣乱，搞得形势挺紧张；世界各洲许多国家都掉入"中等收入陷阱"找不到跳出的良策……。这么多的乱象发生究竟是什么原因呢？我们是不是可以从文化理念上找出一些端倪，那就是美国主导的西方"普世价值观"以及它的推行方式，可能真的解决不了全人类的问题和全球秩序问题，至少他们那一套所产生结构性弊病是已经显现出来了。他们要想继续领导世界，那就一定得从价值理念、基本理论、制度方针、行为策略等等根本性的方面，也就是从社会文化的层面去加以深层次改造（这是很难的！）。而在社会文化层面，中华传统文化和现代中国共产党文化的优越性，是越来越看出优势了。这一点不仅是我们自己，就连许多国外的有识之士，都有一定的认同。前面提到的诺贝尔奖获得者的认识，就是很好的例证。所以，按照"内圣外王"的思想内涵，按照"天人合一"的理念，"和而不同"的精神，等等，去实现"中国梦"，进而为世界的文明做出贡献，都是顺理成章的了。

总之，我们今天强调道路自信、理论自信、制度自信，不仅因为我们从实践中找到了一条适合自己的发展道路，而且从更深层次讲，我们有传统文化优秀基因以及由此发展起来的文明体系强有力的支撑。只要我们全体国人怀着敬畏之心，都以"内圣外王"为标准、为追求，"修己安外"，养"浩然正气"，而不是妄自菲薄、自愧弗如，都认认真真地继往开来，不断与时俱进地创新发展，我们民族和国家的前途，就一定是不可限量的，对世界美好未来的贡献一定是不可低估的。相反，如果我们优秀传统文化被一步步抹黑、抹杀，边缘化以致丢弃，古老文明养育起来的中华民族就一定会被边缘化、末流化、淹没化，一定是没有希望的。

2014 年 8 月

怎样去认识当今思潮

当今，在社会多元化格局下，社会思潮踊跃，各种观点、主张激烈碰撞，真是公说公有理，婆说婆有理。那么，究竟应该怎样分辨其真伪、是非、对错呢？是不是有些客观参照标准？笔者试着说出几条，来帮助我们作出判断：

一、在社会科学领域，没有绝对真理，任何真理都是绝对性与相对性的统一，因而，任何观点、主张，说出来都是"一家之言"。谁要说他的东西绝对正确，有"普世价值"，具有"终结"的性质，那是不科学的。就像东西文化完全不同，所产生的理论、道路和制度也各自不同，但它们都实际存在着，也都有各自的生存空间，同时也都有需要改革的问题。马克思主要以强调自身是发展的，与时俱进的，这本身就说明它的相对性。所以不必人云亦云，要有自己的独立思考。

二、但凡涉及中国的事情，必定离不开中国的国情、民情。中国有 13 亿多人口，承载着 5000 年的文明，这就使得中国问题特殊的复杂。而我国所有问题几乎都与这个"人多"有关。"人多"是改变不了的事实，它已不是"量"的问题，而是由"量变到质变"了。所以，脱离了这一现实特质，任何主张都会像空中楼阁一样，没有实际的可行性。

三、一种社会思想和主张，都要看它最终对本国人民，或者对大多数民众是否有利。这个"有利"包括近期的和长远的，表面的和根本的。不是首先看它理论上如何"先进"，而要看实行后对大多数百姓的福祉会有怎样的实际影响。理论和实践的统一是必须的，实践是检验真理的唯一标准，而实践首要的是指广大人民群众的实践。因此，对待人民群众的态度是检验其正确与否最基本的标准。

四、涉及社会政治领域的事情，研判其动机与效果的统一，是应该做的功课。任何美好的愿望，都要经过社会实践的检验，而社会实践常常不以人的意志为转移，主观愿望是一回事，客观效果又是一回事。看似头头是道，实行的效果可能大相径庭，不妨做个"沙盘演练"，推导预判一下。有时候"善良的愿望往往是通向地狱的道路"，这句话是有些道理的。

五、社会发展都是有阶段性的，一个阶段有一个阶段的主要矛盾。这一阶段的主要矛盾解决了，会有新的主要矛盾出现，社会发展也就进入了下一阶段。在每个阶段都只能有所为，也有所不为，无法做到在一个阶段就解决所有问题，也不能要求放弃本阶段要解决的主要问题，而提前去解决今后阶段可能出现的问题。没有梦想追求不行，不讲求现实也不行，这可以说是"活在当下"的意义所在。

六、辩证唯物主义主张"一切以时间、地点、条件为转移"，就是说，所有的事情都是有限定环境的。在此时此地条件下可行的，不一定适合彼时彼地条件下的环境。那种"放之四海而皆准"的东西，其实也是相对的。如牛顿的物理学"三大定律"，在爱因斯坦"相对论"设定的条件下，就会失效；山地民族的需求，完全不能解决海洋岛国居民的问题。所以，不考虑具体环境限制的任何主张，其实没有实际意义，一个国家和地区的事情还得用适合本国和本地区的办法才行。

七、凡事有一利即有一弊，这是我们老祖宗观察事物得出的规律，也是唯物辩证法的基本法则之一，通俗地说就是凡事都要一分为二。每一种制度、方针和理论，都具有两面性，其实行的结果也具有两面性。所有的选择都是在权衡利弊的条件下，认为在当时利大于弊而作出的，人们只能不断地趋利避害，不断地调整修正。因此，不能用理想主义的愿望要求每项决定都尽善尽美，而应该切实地判断其利弊得失，追求利的最大化，这样才符合现实社会事物发展的规律。

八、不同的观点，特别是对立的主张，可以采取"比较鉴别"的方法，就是把双方的东西都拿出来对比，找出不同点加以比较。没有比较就没有鉴别，不会比较也就不会作出正确的鉴别。因此，不宜只听一面之词，就匆忙得出结论。这一方法是必要的，有效的。

以上几条其实都是方法论的具体运用。如果我们能综合运用这几条观察社会，可能会更实事求是、更加理性，我们的社会也会更加成熟、更加进步。

2014 年 5 月

理解与质疑

当今的中国，一方面是通过改革开放，经济建设取得长达30多年的高速增长，综合国力大为增强，人民生活水平普遍提高，被世界公认为奇迹，而且社会进步也发生了深刻变化，可以说是中国历史上发展最好、最快的时期。另一方面是，社会多元的快速发展，引发各种利益诉求相互碰撞，一些社会矛盾加剧，部分社会秩序失衡，道德体系滑坡，各阶层均有怨气，似乎又成了历史上最复杂、最难于治理的时期。这种矛盾局面说明，我国目前的发展状况，与人民群众日益增长的各种需求还不相适应。

其实，这种不相适应是永远的，只不过在不同的发展阶段有不同的内容和表现罢了。而正是这种不相适应，才构成了社会继续发展前进的内在动力。正如毛泽东主席所说："人类历史就是一个不断地从必然王国向自由王国发展的历史，这个历史永远也不会完结……人类总得不断地有所发现，有所发明，有所创造，有所前进。"所以，人们不必对现状过于忧虑，而应当理解这种状况也尽在规律之中。只要正确面对，认真做事，就完全可以渡过难关，实现民族复兴的理想。

然而，怎样才是正确面对呢？这里面却有大文章。现今人们面对社会事物，通常会有两种态度：一种是理解，另一种是质疑。不能简单地认定哪种正确，哪种不正确。应该承认，有质疑才会产生批评。批评对于社会发展有推动作用，不是坏事。但目前有一股潮流，凡事质疑，一味批评，这就未必是建设性的了，对社会进步也并非全都有益。其中，有一种论调称：知识分子的社会责任就是批评政府。这显然偏激了。勿庸置疑，社会发展只靠批评是不行的，更多地还是需要建设。而建设来自于多数人的理解和共同参与。

记得上世纪八十年代上半叶，国人普遍期望改变社会环境与面貌，对各种政策开放的措施大都采取理解和支持的态度。当时社会上流行一句话，叫做"理解万岁"，这使得改革开放初启阶段进行的比较顺利。大家都看到那个时节社会面貌的巨大变化，也享受到这种变化带来的利益和希望。随着改革的拓展与深入，各种矛盾积累，改革变得越来越艰难。尽管更多的人可以"端起碗来吃肉"了，但"放下筷子骂娘"的现象也多了起来。理解的声音弱化，甚至要"遭板砖"。质疑与批评鹊起，成为时尚。这种扭曲恶化了社会氛围，增加了进一步深化改革的难度。

现在人们常说改革步入"深水区"，意味着改革的进程很难再像初期，能摸着石头即时调整，而是需要架桥，用船，利用工具或会游泳，其难度、成本、风险都大为增加。方向选择、路线选择、政策选择、措施选择等等都必须更加科学、可行、可靠，同时还需要考虑人们的社会心理和承载能力，以得到大多数人认同和支持。这就需要加强顶层设计，综合统筹，反复论证，全民参与。而这样一项巨大复杂的社会系统工程，没有社会基本共识，是无法完成的。在社会普遍存在浮躁和多元化利益冲突的环境中，更是困难多多。对此种现实和现状缺乏认识与理解，无疑更增加跨过深水区的艰难与风险。这一点，对当政者和民众都是一样必须面对的。

一般地讲，理解多出自于较为理性或起码的信任，而质疑容易产生感性片面认识和情绪化的宣泄。所以，严肃理性地把握理解与质疑，是当今社会面临的一大课题，也是关系到所有人直接利益和福祉的大问题。

我们来具体说说一些面临的问题。

一、社会分配与既得利益

社会分配是人们普遍关注的问题。的确，现今贫富差距在拉大，不仅体现在实际收入水平上，也造成社会心理的失衡。这可能是许多人心有怨气的直接原因。但细想下去，它是如何形成的呢？与我们实行让一部分地区和人群先富起来，然后带动大部分地区和人实现共同富裕的方针政策是否直接有关？那么小平同志当时提出的这一方针政策是否正确呢？实践证明是完全正确的。因为它不只是让经济社会产生了巨大的活力，实现了国内生产总值连续 30 多年的高速增长，综合国力大为增强，而且让几亿人脱离贫困。这些活生生的现实说明：尽管我国仍有亿把子人口尚未完全摆脱贫困，但就 13 亿人口的总体而言，对比改革开放前，并非穷的更穷，而是在普遍提高的基础上，出现了收入差距拉大的状况。同时还不能忘记，小平同志当时说第一个大局（即一部分地区和人先富起来），大体实现了。

而他提出的第二个大局（即带动更多地区和人实现共同富裕），通过东北老工业基地振兴、中部的崛起、西部大开发、产业结构调整、向中西部转移接续和一系列的社会保障等等措施的实施和调整，虽然尚未完成，但前景已现。就是说，我们并不是无视分配和贫富差距的问题，而是在花大力气纠正。当然，这需要时间和不断地调整，社会也需要理解和有耐心。

谈到分配不公的问题，有专家学者认为，是既得利益集团为保住自己的既得利益，阻碍进一步改革。这种笼统的概括值得商榷。比如说，原来占我国人口大多数（80%）的是农民。改革开放前，农业生产力低下，农民吃平均主义的大锅饭，几亿农村人口生活在贫困线下，这是不争的事实。改革首先从农村开始，农业生产力被大大释放，农民生活于是好了起来，同时也出现了2—3亿农村富余劳动力。现在是，国家取消了农业税，农民种粮有各种补贴，还有最低保护价，加上退耕还林还草的补偿，新农村建设和新农合医保的普及推广，财政对"三农"的转移支付不断提高。与此同时，建立大批乡镇企业，吸收了富余劳动力，又吸引2—3亿农民工进城务工，实现了农村劳动力的转移。整个农村人口的非农收入，大大超过了农业收入。所有这些才使原来8亿多农民根本摆脱了仅仅依靠不足20亿亩土地"刨食吃"的困境，相当一部分还富裕起来。对中国社会而言，这种变化，难道不是极其深刻的结构性改变？难道不是具有革命性的进步？其现实深远的意义难道不是世界性的？那么，就农民总体而言，他们算不算是改革开放的受益者？传统意义上讲的农民阶级，是不是改革开放的既得利益集团呢？

这里有个方法论问题，即比较鉴别。没有比较就没有鉴别。与改革开放前比较，应当承认这是中国改革开放的一大成就与显著进步；与发达国家比较，显然还有很大差距；与未来发展前景比较，仍需付出艰苦的努力。它反映了一个事物，站在不同的角度看待，会产生不同的结果，不能简单地混为一谈吧！

再说城市，从计划经济到商品经济，再到市场经济，多种经济成分共存而且非公有制经济成分快速发展，已经大大超过公有制经济的占比。在此过程中，原来的国有和集体经济，一方面承担了至少前10—20年改革的成本。当国有和集体经济占GDP50%左右时，还承担着80%的财政收入。与此同时，它们还付出了几千万产业工人下岗再就业的代价。你能就此简单地说，原来的产业工人阶级，是改革开放政策的最大一群利益受损者？他们失去了既得利益而应当抵制农民工抢走他们的饭碗？社会是可以这样简单地被撕裂成相互冲突的利益集团吗？

是不是还可以从另一个角度看待此问题，即工人阶级通过其代表——共产党，为全体人民的福祉而进行巨大变革时，秉承了"无产阶级只有解放全人类，才能最后解放自己"的理念，在进一步解放社会生产力的过程中，牺牲了一些自己的暂时利益，从而推动了整体社会经济的巨大进步。这正体现了工人阶级是先进正义的伟大社会力量。进一步证明了她有觉悟、能担当、肯奉献的性质，是可以信任和依靠的社会中坚和骨干。这样看问题是不是符合实际？会不会产生不一样的社会效果？

　　随着非公有经济的发展，按照市场经济的规律，在实现生产要素更优化配置，从而大大提升了生产效率的同时，基本符合市场经济原则的分配，却带来了收入差距拉大的社会问题。这种现象并非中国所独有，许多发展中国家都面临同样的问题，而且许多都陷入到"中等收入陷阱"而徘徊不前。就连最成熟的发达国家，包括美国，也没能避免此种问题。只要分析一下"占领华尔街运动"，就不难看出这一点。这可能还是人类社会需要探索解决的制度性课题，而不管你现在实行的是什么社会制度。我国解决分配问题的现实路径，恐怕仍然需要在保持公平与效率的兼顾上，着力于二、三次分配，以解决平衡的问题。而不是简单地"劫富济贫"。也就是在不破坏社会生产力效率、继续鼓励企业家精神和企业创新能力的前提下，通过更多的财政转移支付，加强社会保障体系建设，发展社会慈善共济事业，以帮助处于弱势的人群，而不是重新回到平均主义的轨道。

　　我们不能回避一个问题，即我们的社会主义究竟是以大多数人过得好、少数人也过得去为追求目标，还是应该以所有人都过得差不多为目标？历史的与国际的经验告诉我们，这两种目标所要采取的路线、方针、政策是大不一样的，其结果也不是以人们的主观愿望为转移的。在我们没有完成原始积累的发展阶段，追求公平，必然要以牺牲一定的效率为代价，而追求效率则不得不牺牲一定的公平。现实的问题是要寻求某种公平与效率的平衡。就解决社会分配不公的问题而言，仅仅依靠市场这只"看不见的手"，还是不够的，需要更多的手段，特别是政府财政手段和动员社会力量，充分发挥一、二次分配的调节和转移支付，也包括社会慈善事业在三次分配的作用。至少在中国的现阶段更是这样。

　　追求社会公平也有一个理念问题，那就是我们社会要追求程序的公平、机会的公平，还是追求一种结果的公平，两者是很不一样的目标。在现在的发展阶段，要不要承认能力的差别？要不要承认对社会发展进步贡献的差别？要不要承认按实际贡献取得相应社会回报的差别，即按劳分配与按贡献分配？这也是理性对待分配问题不可不面对的现实问题。

二、基尼系数与恩格尔系数

说到收入差距问题，还不能不提一些专家学者和媒体经常提到的"基尼系数"。据他们说：国家统计局公布的结果，2012年中国的基尼系数为0.474，这是一个很严重的问题。因为它超过了"国际公认的警戒线0.4"。"发达国家一般在0.24—0.36之间"，"2010年全球基尼系数平均值是0.44"。笔者没有研究过基尼系数以及它的统计基础和计算方法，只是知道，这是一个关于"收入"概念的指标。而我国城市和农村关于"收入"的概念是不同的。比如，农村的宅基地属于集体所有，不知怎样计算他们住房的价值以及它们与农村收入的关系。就目前中国的现状，是否有一个城乡可比的收入统计标准呢？也不清楚由财政转移支付的各种农业补贴、农村合作医疗补贴、退耕还林还草补偿、家电下乡补贴以及农村低保等，是否和怎样计算进去的？但看到也有专家研究指出：所谓国际公认的警戒线0.4

的说法，仅流传于中文传播空间。搜索相关英文资料，各种权威、非权威的英文资料中，均未见"0.4"有何特殊意义，即警戒线的说法。而据美国人口调查局的数据，美国 2010 基尼系数为 0.469。欧洲统计局发布的数据，2011 年欧盟 27 国税前基尼系数，英国为 0.51，意大利为 0.5，希腊为 0.44。至于全球 2010 年基尼系数为 0.44，可能是把各国相关数据相加后除以国家数而得来的，这种做法没有实际意义。要说全球基尼系数，应当把"全球"当作一个单独研究对象，而根据联合国粮农组织估计，全球基尼系数 2002 年为 0.71，2005 年为 0.68。

另据美国加州大学伯克利分校经济学教授伊曼努尔·赛伊兹的研究，2010 年，全美收入增长的 95%，为 1% 的家庭获得。把这个因素折算到基尼系数中，那美国的基尼系数该是多少呢？欧盟统计局的数据显示，2011 年，欧盟有 1.2 亿人面临贫困或遭社会排斥风险，占成员国人口的 24.2%。将此计算进去，欧盟的基尼系数会有多高呢？

看起来，所谓"中国的基尼系数高于国际公认的警戒线"的说法，像是一些中国专家学者与媒体自己的理解，并没有某种成熟理论和现实统计数据的支撑，也可能有"以讹传讹"之嫌。如果真的有国际公认的警戒线的理论和统计方式，那么确实有严肃科学地对待之必要，起码不能以某种"莫须有"的说法，来扰乱人们的思想。所以，我们不能无视中国现在城乡之间、地域之间、行业之间收入差距拉大的现实，更不能忽视由此而引发很多社会问题的实际，但同样不能人为夸大这一问题，误导对于这一问题的社会认识。

至于恩格尔系数，这些年人们好像不大用它了。简单地说，恩格尔系数是指人们花在食物方面的费用占所得收入的比例。统计表明，1985 年，我国城镇人口的恩格尔系数是 53.3，农村是 57.8，而 2012 年则降到 37.1 和 40.8。说明，我国民众用于食物的费用明显地降低，用于其他消费的费用则有了较大提升。笔者相信，以上数字是扣除物价因素而得来的。联合国有一个关于生活水平的划分标准：即国家平均家庭恩格尔系数大于 60% 为温饱；40%—50% 为小康；30%—40% 属于相对富裕；20%—30% 为富足。人们可以对照来作出自己的判断。

值得一说的是，这一数字是全口径统计的结果，即它不是指部分人口，而是指全体人民。也就是说，它反映了人民群众的生活水平切切实实得到提高，大多数人不再为温饱发愁，而是在享受更多的丰富生活。前二十年就有统计规律指出，当一个国家和地区的人均 GDP 超过 800 美元，国内或地区的旅游业就开始启动。看看我国节假日旅游市场的火爆程度，就不难反映人们的生活水准。而据说人均 GDP 超过 1200 美元，国际旅游的需求就开始产生。我国现在每年都有几千万人出国观光游览，而且消费水平屡创新高，这不更是生动的体现吗？还有统计规律指出，当一部汽车的价格是一个家庭年度总收入的三倍多，私家车就开始进入家庭。2012 年底，北京市 500 多万辆车中，私家车占 78%，以至于不得不用限行和摇号来控制。这也是大家看得见摸得着的。

为什么人们不再多提恩格尔系数，恐怕与多数人已超过温饱水平，奔向小康阶段不无关系。也许还因为一些人举着恩格尔系数的幌子，表现出"为民请命"的姿态，不再吸引眼球了。

三、国有企业和行业垄断

关于分配不公和利益集团保守的问题，有一种较为广泛的议论，即涉及现行体制下国有企业和垄断行业的存在，似乎这种存在是造成分配不公的罪魁祸首，似乎将国有企业完全私有化和彻底开放所有垄断行业，就能解决上述问题了。这又是一个值得商榷的观点。

一方面，一些处于垄断地位的行业，特别是能源、通讯、金融等领域的国企，在分配上有比较优势，其内部高管和普通职工收入差距大也是事实，人们有意见不是没有道理。然而，并非所有国有企业都是这种状态，像从事城市公共交通、邮局、给排水等行业，就没有这种优势，有些为了公众利益还处于亏损状态，需要政府补贴方能正常运营，这也是事实。把国企与垄断，和分配不公划等号，不完全实事求是，也不科学。

另一方面，我们还需要从我国现阶段所处国内外环境和条件来认识这类问题。在经济全球化和 WTO 框架内参与国际竞争，我们若没有一批有实力、可以与跨国资本周旋的巨型企业，岂不是会在资本和市场自由竞争中被那些大鳄们蚕食掉？特别是涉及国计民生的重要领域。而我国在重要经济基础上丧失主导权，国家的主权地位又会出现什么状况？主权被实质削弱后，又会对民生问题带来怎样的影响？你能够设想让国际资本和外国来保障我国老百姓的民生吗？

由于历史和体制的原因，这类可参与国际竞争的巨型企业，大都出身于国企，这也是"中国特色"，不是一下子可以改变的，整个国家经不起那样的巨变。像前苏联那样的"休克疗法"造成的结果，是我国能承受的吗？

谁也不能拿关系广大百姓切身利益的事情去冒险。只能按经济和市场规律逐步地改造。事实上，大多数国有企业，已经实行了现代企业制度，已经作为市场主体存在，而不再是政府的附属品。邓小平同志关于体制改革要政企分开的设想，已经大体实现了。虽然关于政府、国企和市场之间的关系，仍有进一步深化改革的必要，但国有企业作为"共和国长子"的作用，确有其存在的客观需要，确能起到保障经济运行总体平衡和调整经济周期的作用。笔者认为，这又涉及一个方法论的问题，即综合与分析。上述议论绝不是"偷换概念"，而是在综合分析问题时，应该具有的视野和方法，尤其是针对中国现实问题时，不能不加以考虑的。经常看香港凤凰卫视的人可能还记得，其首席评论员阮次山先生那句招牌式的话："许多事情看起来没有联系，实际是有关联的。"

事实上，在认真观察西方发达国家处理公有经济和非公有经济关系的问题上，不难发现，一方面他们在私有化和自由化浪潮中，也是付出了沉重代价的，2008 年以来长时间高烈度的金融和经济危机，其结构性原因就能反映这种深刻影响。另一方面，即使如此，西方国家目前仍然保有不小的国有化程度，国有企业的投资占全国总投资额的比重，一般都在 20% 以上。而且这些国有企业也都在配合政府的政策意图。

有专家学者批评我国改革在"倒退"，主要体现在"国进民退"和市场化不足。事实上 2010 年，我国公有制经济与私有制经济（包括外资和民营）在 GDP 中所占比重为 27%：73%，而 2006 年为 37%：63%。根据国家统计年鉴计算，在工业总产值中，国有经济的比重，1998 年为 28.2%，2002 年为 23.5%，2004 年为 15.3%，2006 年为 9.7%，2010 年为 8.2%，2011 年为 7.9%。何来大规模"国进民退"？据北京师范大学《中国市场化进程》课题组研究，在《2010 中国市场经济发展报告》中显示：2008 年我国市场化程度已达 76.4%，生产要素市场化程度已达 87.5%，产品市场化程度已达 95.7%。可见我国的市场化程度已经相当高了。这也反映在世界上已有 97 个国家承认我国市场经济地位一事上（包括一些发达国家），而没有承认的国家（包括美国）主要还是基于政治的考虑。

由此可见，进一步深化改革，不能在"国进"还是"民进"上做文章，而是国企民企都要做强、做活，都必须增强其市场竞争力，他们同样需要更高地发挥企业家精神和企业的创新能力。

四、反腐与发展繁荣

在谈论上述问题时，有一点无法回避，就是舆论场上有一种提法，即把既得利益集团专指为官员和大型企业，特别是国有企业，并定性为"新权贵集团"，甚至把我国的现状定义为"权贵资本主义"。这是一个更为严肃而复杂的问题，显然与现状不符。全面论述比较困难，但至少有以下方面值得讨论：

第一、权利寻租，官商结合，利益输送，腐败丛生，而且"前仆后继"，屡禁不止。以至民怨高企，社会抗拒，到了不得不彻底清理的程度。从社会民意、舆论场的激烈程度看，这也绝不是耸人听闻、杞人忧天。特别是对为政者当局，不能有效地约束权力运行，不能从体制机制上监督问责公权力，把公权力成功有效地置于笼子里，则会动摇权力的社会基础。必须看到，腐败问题不仅是涉及少数人不当获取利益的问题，而是关乎政治清明、法律秩序、社会正义、道德体系的重大问题。这一社会的丑恶现象得不到控制会使整个国家、社会处于混乱、无序状态，也会进一步伤害全体民众的利益。这是我们社会必须重视的重大现实危机，绝对不可以掉以轻心。

二、腐败问题是个世界性难题。发达国家的情况要好很多，但也仍然未能幸免。发展中国家则广泛存在，许多地方比我国的情况严重得多。这本身说明它是一个制度性问题，是人类社会机体中的顽疾。否则，为什么会有个联合国反腐败公约，要号召世界各国来共同面对？腐败是与社会发展阶段有关的，其复杂性也不是只要有决心就能彻底根治的，需要综合各种因素，逐步加以扼制，使其社会危害性减到最小程度。客观理性地讲，彻底根治腐败的社会制度及方法，人类可能还并未完全找到。这也说明腐败问题并非人类面临的唯一重要问题。这么讲，绝对不是为腐败问题开脱，而是说，我们的社会必须寻找解决腐败问题的更高层次的办法，从而可以更有效地加以面对和治理。有人断言，权力是腐败的根源，绝对的权力产生绝对的腐败。其实，我国实行计划经济时期，政府的权力要大得多，却没有严重腐败问题，可见权力与腐败虽然有关，但并不是直接因果关系。而没有权力和权威的社会制度，事实上也并不存在。而让权力为社会更好地服务，又不产生腐败不公的现象，现存的各种制度都还没有能有效地解决。

三、既然需要从更高层次的社会制度性方面去寻找解决办法，那么，在社会发展的现阶段，如何处理好发展、繁荣与反腐败的关系，就成为非常现实的问题。可以肯定地讲，腐败问题已经变成破坏发展、阻碍繁荣的社会毒瘤。不反腐则无法做到进一步发展和实现繁荣。但也不能不指出：反腐败不能代替发展，不会自动地实现社会繁荣。而进一步地发展和繁荣，则有利于更有效地反腐，因为人类社会毕竟是以追求公平正义为目标的，它不会容忍腐败这种不公、不义的现象，一定会找到符合理想境地与逐步实现的方法。现阶段就是要寻求发展、繁荣与反腐败的某种可以接受的平衡，而不是现在就要求一蹴而就彻底消灭腐败。不管你是如何不能接受这种观点，笔者都希望能冷静、客观、理性地认识上述关系，情绪化和嫉恶如仇，是解决不了实质问题的。

四、正如第一点所指出的，腐败问题已成为一种现实的危机。但事情还有另一面，即我国反腐败的力度，也是发展中国家里最大的，对腐败问题一直保持着高压态势。尽管有强大的震慑，有法律的、组织的、行政的各种高压手段，还有预防职务犯罪的各种制度，每年都要处罚一大批腐败官员，包括地位很高的官员，但似乎仍未有效地扼制其蔓延的程度。这并不能说明我国反腐败不动真格的。以身试法的人仍层出不穷，说明它与其他犯罪一样，并不因为有法律、有制度，就没有了刑事犯罪。国家、社会、领导者和广大民众，恐怕不得不做打持久战的准备，而且需要上下配合，用加强法制和人民战争的方法对待之。

同时，也不能过分夸大腐败程度，有大学者宣称："2005年中国的灰色收入规模达 4.8 万亿元，2008 年则达到 5.4 万亿元，资金总量占 GDP 的 20%—30%，自然会对中国社会中贫富分化加剧和基尼系数的居高不下产生决定性的影响。"按着他们的估计，我国 2005 年的灰色收入规模，是当年财政收入 3.16 万亿元的 1.5 倍，是当年行政管理费 0.48 万亿元的 10 倍，按当年全体行政机关人员 1208 万人计算，每个公务员人均贪污 39.7 万元。不知这些"严肃的学者"哪里得来和怎么计算的，太不靠谱了，显然是过分夸大了。这种过分歪曲抹黑的说法，其实是在回避一次分配中关于劳动和资本关系的处理上存在的问题，是在掩盖过度市场化以及它所带来的道德风尚恶化的原因。这样分析问题完全不像严肃科学的学术姿态，倒像是别有用心了。

五、把官员和大型企业称为新权贵利益集团，说明人们对他们某些行为的不齿与愤怒，也说明社会广泛存在着有正义感的力量。虽然不应该因为这种定性是否科学理性，是否符合事实，是否全面客观，而全面否定，但用"仇官"、"仇富"的心态来对待严肃的社会问题，其实是有害无益的。因为它只是一种情绪化的宣泄，对解决问题并无帮助，把控不好，还有可能被敌对势力所利用。这恐怕就不是多数有情绪的人所愿意看到的了。事情还有另一方面，而且是社会的主流。那就是我们政府的各级干部，大多数还是为这个国家、社会和人民做了许多好事、正事，使我们的国家在全面小康的道路上快速前进着，使我们的社会基本平衡、按部就班地运转着，也使我国获得了世界上越来越多的尊重和尊严。我们大多数民众的利益，正是在各级政府和官员的组织领导下，得到了一定保障。我国之前改革开放的成果，正是各级政府正确执行了党的方针政策才得以实现。

正在进行的深化改革，依然要依靠各级政府和全体官员们的正确施政。不能想象，一个充满腐败的国家同时是一个勇于改革，又充满活力和快速前进的国家。而应承认，政府与广大人民的长远根本利益是一致的，失去了人民群众长远和根本的利益，政府就失去了执政的基础。同样，失去了各级政府有效的施政，老百姓的利益也就失去了依托和保证。这种血肉关系也是活生生的现实，是谁也改变不了的。在所有的过程中，能得到多数人理解和支持，国家、社会和民众本身，都能走的更顺利些；而失去这种理解和支持，所有的利益都将受到伤害。

至于富人和企业，也需要从多个方面来认识。一个国家，经济是基础。在中国传统文化中，把经济看作是"经国济民"、"经邦济世"的头等大事。在现代社会，要发展经济，人们把它总结为"无农不稳"、"无工不富"、"无商不活"、"无技不兴"等等。这就需要有大大小小各种企业。先不谈它们创造着财富，生产人们所需要的物质文化产品，提供财政税收，保证国家社会的运转，就说广大百姓的就业，根本离不开更多的企业存在。多年来有一种倾向，就是有专家学者专门宣传这个经济学，那个经济学，就经济和市场运行来看经济运行的"规律"，都有意无意地忽视它们与政治的关系，不再运用政治经济学的原则原理，这种"去政治化"的倾向，是极有害的，现实社会中出现的各种矛盾，已经很能说明问题了。还应看到，在那么多企业中，包括企业高管和老板，还是多数人在认认真真做事业，才得以维持发展。其中，真的坏人总是少数，"为富不仁"者也不是多数。还可以说一句，是企业就承担着一定的社会责任，凡不承担责任者，特别是生产假冒伪劣产品害人的，都早晚会受到惩罚，这是维持社会正常运行秩序所必须的。尽管现在乱象频频，但我们不应该失去信心。

五、该重视文化的影响力了

现实社会是从历史走过来的。正确把握现实，离不开对历史的正确认识。但当今社会有一种思潮，就是对历史的扭曲。这需要用历史唯物主义的观点和方法，对历史进行再认识。

有专家学者，把近代中国落后、受列强欺辱统统归因于我国传统的封建制度及文化，而传统文化的代表就是孔孟的儒家学说，则应在打倒之列。"五·四"运动前后，一方面引进西方思想，一方面要打倒"孔家店"。于是，中国传统文化，在西学东渐的过程中，被打击得七零八落。"文化大革命"中，我们又遭遇一次自上而下的全民"扫四旧"运动，又一次"革了"传统文化的"命"。结果是，融入这个民族血脉五千年而传承下来的文明，却得了"贫血"、"缺氧"症，"心脑血管系统"患病不轻。我们不得不说，我们民族赖以生存和发展的传统文化，被破坏得太厉害了。到了现代，不少学者仍然热衷于批判传统文化。他们甚至把岳飞这样的民族英雄，描绘成"打内战"的罪魁。因为他抗击的金朝，却是后来同一个国家的不同民族。这哪里还有一点历史唯物主义的影子，简直就是"歪批"！千万不要以为这仅仅是个人的学术观点，是对历史的"反思"。他们不是严肃认真地研究历史，对我们社会肌体的破坏作用不可小视。当然，我们传统文化中是有精华，也有糟粕的，需要取其精华去其糟粕。但全面否定必定是行不通的。攻其一点不计其余，也是有害而无益的。

西方国家自工业文明之后，的确在生产力及社会发展方面，创造了新的文明和进步，这是大家都承认的，也是看得见和接触得到的。至于要我们"全盘西化"，却又真是做不到的。比如，西方资本主义的发展，且不说他们的原始积累，与他们推行的殖民主义有何内在联系，就说基督教文化对资本主义制度理念的形成，起到了什么根本性作用，恐怕很少有学者去做深入研究。那么，你要我们全盘西化，是不是该从推广普及基督教入手？这是现实可行的一条路吗？而没有基督教的推广普及，我们国家全盘西化的社会思想基础又该是什么呢？于是，尽管我们改革开放三十多年来，吸收了大量源自西方的制度的经验和理念，包括价值观，但总是有些"消化不良"。现在，是不是该认真想一想，如今许多社会乱象，与这些东西方文化碰撞所产生的影响，有没有关系呢？

还有，我国改革开放的基本路线，叫做"一个中心、两个基本点"，即以经济建设为中心，坚持改革开放搞活，坚持"四项基本原则"。现在对照这条基本路线，我们要继续坚持改革开放，要有胆魄去攻坚克难，渡过深水区，是不是也要在坚持"四项基本原则"上下真功夫？坦率地讲，三十多年的改革开放过程中，我们在坚持"四项基本原则"方面，是做得不够的。也就是说，我们在坚持共产党文化方面，是不到位的。所谓共产党文化，是指代表大多数人民根本和长远利益的这一政党，要有信仰，有担当，有坚持，有纪律，有奉献，是以为人民服务为宗旨，密切联系群众，广泛开展统一战线，坚持奋斗精神，推行党内民主，严肃进行批评与自我批评，等等。我们这个党，是有她光荣优良传统的。否则她怎么可能只用 28 年，就打倒了号称有 800 万美式装备武装起来的蒋家王朝，建立起新中国呢？但是，这些优良传统坚持得怎么样？改革开放过程中丢掉了哪些？与时俱进地正确调整了什么？又有哪些是不应该丢弃的？所有这些问题，是不是应该好好想一想，认真地加以总结和调整呢？笔者认为，我们坚持的基本路线，是一个完整的体系，任何偏废，或者畸轻畸重，都会造成整个社会的失衡。我们现在是不是有些失衡了呢？

笔者还以为，正是由于对传统文化的精要破坏得太厉害，对西方社会经济文化理念的"消化不良"，以及对共产党文化的坚守不力，才造成了当下社会民众的普遍不适应，有些无所适从。人们都在谈当下社会很浮躁，社会道德体系很混乱，有些"世风日下"、"礼崩乐坏"。请想想，几千年唯一传承至今的优秀传统文化被批判了，成功的共产党人创造的先进文化被批判了，而所谓世界主流文化——西方国家的那一套，又学不像，学不好，吸收不好，那么，广大老百姓该信谁？信什么呢？他们怎么才能不浮躁呢？所以，现在是时候来彻底清理一下这种思想文化方面的问题了。要站在中国这片热土上，针对自己的特殊国情，明确我们的基本方向和现实路线。既然不能全部照搬西方的理念模式，也不能复古和走回头路，那为什么不能调整我们社会发展道路的参照系，而要处处与发达国家接轨呢？我们带着五千年传统文明的 13 亿国人，就生活在东方 960 万平方公里的土地上，难道我们就不能创造出一种适合自己生存发展的道路模式？

习近平同志在"十八大"以后的若干重要讲话，从提出"中国梦"，坚持民族复兴大业的理想信念，到要有理论自信、道路自信、制度自信，到反腐倡廉，"老虎"、"苍蝇"一起打，到八项规定，"打铁还需自身硬"，再到开展群众路线的学习运动，反对形式主义、官僚主义、享乐主义和奢靡之风等等。笔者的理解是，新的党中央是在认真恢复、弘扬共产党文化，是在坚持"实干兴邦，空谈误国"，实事求是，探索新路。祝福这一系列施政理念能带领全党、全国人民，去别开生面，走好全面实现幸福小康之路。

六、历史需要鸟瞰

以前，"没有共产党就没有新中国"，是全国大多数人的共识，现在似乎成了问题。这一现象值得格外重视，因为我们这么大的国家，是由中国共产党在领导，她的成败将影响全体人民的福祉。造成这种质疑的重要原因，是对党的历史认识上出现了偏差，引发了人们思想上一定程度的混乱。其中，从事党史研究和宣传舆论领域的一些专家学者，有不可推卸的责任。

有一种流行的说法，就是研究党史，要注重"挖掘细节"，以"恢复历史的本来面貌"。据说，这样做是因为"细节决定成败"，恢复本来面目，就能纠正"胜利者撰写历史的弊端"。那么，中国共产党九十年的历史，经过了我们称之为第一次国内革命战争时期、土地革命时期、抗日战争时期、解放战争时期、建国初的恢复时期、社会主义改造和建设时期、"文化大革命"时期以及改革开放时期。这个历史过程的划分有什么不妥吗？

除了改革开放时期还在继续以外,其他历史阶段都已经过去了。你说成也罢,败也罢;功也罢,过也罢,能改变那已成定局的格局吗?共产党用 28 年时间打败了国民党,建立了人民共和国的历史也能被颠覆吗?有人说,日本人救了共产党,假如没有抗日战争,共产党利用抗日而"投机取巧","悄悄地"壮大了自己的武装,她早就被蒋介石的巨大军事机器碾碎了。我们且不说历史是根本没有"假如的",也不去谈持有如此看法的人是站在什么立场,就说抗日战争时期,蒋介石的国民政府把八路军、新四军安排在敌后,企图以日本强大军事力量消灭之,或者在战争的消耗中"两败俱伤"。这种安排是共产党可以改变的吗?但毛泽东主席发表的《论持久战》和我党我军广泛开展抗日民族统一战线,建立抗日根据地,开展敌后游击战争,这一整套的方针、策略,难道不是被事实证明为极其成功的吗?同样面对日本侵略者,国民党就没有学会和实行建立根据地、开展游击战争的做法。虽然国民党军队在庐山举办了游击战的训练班,共产党军队的军事教官去讲了游击战的战法,那也无济于事,他们只能以"空间换时间",挨到美国人介入,这又能怪别人吗?这样的历史也是可以杜撰、被称为"胜利者写的"吗?当然,这样讲并不否认国民党军队在正面战场所做出的巨大牺牲和对抗日战争胜利所做出的历史贡献。过去这方面宣传不够,应当予以补正。我们应该向所有对抗日战争胜利做出贡献的英雄们致敬。

所以,我们说,历史是首先需要鸟瞰的。没有宏观的、整体的、全面的视野，是无法真正搞清楚过去发生的一切，也就无法真正读懂历史。或者，你看到的历史，可能是不完整、被掩盖，甚至被扭曲的历史。笔者在参加陕北靖边小河会议纪念馆开幕仪式上，讲过一段话：站在全球和历史的角度，可以说，中国共产党和她九十多年所创造的宏大业绩，是这个世界上有政党出现以来，没有任何一个其他政党能与之比肩的。而且她所创造的业绩是她动员、领导数亿、十数亿人民共同的业绩。她的成功，是数亿、十数亿人民的成功。有些人在研究党的历史时，打着"挖掘细节"、"恢复历史本来面目"的旗号，实际上在扭曲历史、颠覆历史，起到了涣散人心、破坏社会凝聚、破坏民族团结的作用。在他们的眼里和笔下，推翻"三座大山"不见了。好像共产党的历史就是一个权谋接一个权谋，一个错误接一个错误，整了一批人又一批人，于是就走到了今天。他们完全不把人民放在眼里，完全无视人民生活的改善和提高，也完全不见国家、民族的强盛，不管国家、民族的根本利益所在。这就应当警惕了。我们的先人早就有"欲灭其国，先灭其史"的教训。否定共产党的历史，否定毛泽东，其实质就是挖共产党的祖坟，砍共产党的旗帜，也是往中国人民身上泼脏水，是破坏中国人民踏踏实实过全面小康生活的进程。透过现象看本质，看社会实际效果，我们是不是不能太天真了。

　　我想说的是，共产党是有优良传统的，否则她不可能得到广大群众的拥护。她的优良传统也是人类创造的先进文化的一部分，她应该是有强大生命力的。尽管党在长期复杂的斗争中，有过这样那样的失误，犯过这样那样的错误，甚至犯过"文化大革命"那样的大错误。但我们仍然可以坚定地说，这个党是对人民群众负责的党，是可以高瞻远瞩、统筹现在和未来的党，是有极强自我修复能力的党。从党的真正历史出发，以上的评价难道不成立吗？

当然，谈历史的细节，包括现在流行的"口说历史"，它也是历史的一部分，浩如烟海的历史长卷中，应有它的位置。不过，需要搞明白，它只是一部分，而不是全部。这里面有许多个人的亲历，也有不少个人的体会和解读。从某种意义上讲，历史也是供后人解读的。既然是后人的解读，就免不了受解读者立场、方法与观点的影响。斯塔夫里阿诺斯所写的《全球通史》，威尔·杜兰特所写的《世界文明史》等等，都是今人根据现代人的立场，对历史进行了认真的梳理，以他们特有的视角，下大功夫写就的。这才是历史研究的需要和魅力所在。但是，细节也不可以歪曲，不应该以个人的好恶来随意书写。不能把共产党九十年的奋斗史，写成恩恩怨怨的历史。在党的历史发展过程中，我们的确经历过陈独秀的右倾机会主义路线，瞿秋白、李立三和王明的左倾机会主义路线。每一次的"路线斗争"都使得革命斗争遭受到巨大损失，也都伤害过许多党内的同志。但是每一次"路线斗争"，都离不开当时的客观环境和时代背景，都发生在与外部势力你死我活的斗争之中，特别是一个时期，中国革命是在共产国际和苏联共产党的领导下进行的，中国共产党曾经是共产国际的"中国支部"，连经费都是"国际"

提供的。笔者认为，只有到了延安时期，通过反对教条主义、宗派主义和"党八股"的整风运动，才基本统一了自己的思想，形成了毛泽东思想，才真正开始了中国共产党独立领导中国革命的历史时期。整风运动的真正意义不能因有"抢救运动"和肃反扩大化而被抹杀，而在于全党的统一认识。特别应当强调的是，那时就说，毛泽东思想是马列主义的普遍真理与中国革命的具体实践相结合的产物，是全党集体智慧的结晶，并没有特别突出个人的作用。只是到了后来，尤其是"文革"时期才搞出了个人崇拜。"文革"时期的做法都很荒唐，它也早已被十一届三中全会以后党的正式决议所全面否定了。至于建国后的几次所谓"路线斗争"，也在"关于若干历史问题决议"中，大都纠正了。这不正说明中共是对历史和人民负责任的，是有极强自我修复能力的吗？

当然，"文化大革命"的教训是惨痛的、深刻的和影响深远的，可以说，它的遗毒至今仍未彻底肃清。从潘多拉魔盒中被释放出来的各种魔鬼，现在还在作怪。这里有党和毛泽东主席的错误所致，也有社会人性的复杂原因，恐怕不能简单化的以理想主义的态度去认知。即使这样，我们还应看到，"文革"中后期，在毛泽东主席"三个世界"理论和高明外交策略影响下，我国恢复了联合国席位和常任理事国地位，我们与美国的关系正常化了，从而带动一年内与 27 个西方国家建立了外交关系，结束了长达 22 年被西方国家以联合国名义禁运、封锁状态，使我国在国际上变为一个正常国家。这一变化非同小可，它实际上为后来的开放改革铺平了道路。这不也是事实吗？

笔者认为，任何文明正义的民族，都会尊重自己的历史和文化，不尊重历史和文化的民族，是没有希望和未来的。而尊重自己的历史和文化的民族，都会尊重自己的英雄，都不会忘记曾经为这个民族的独立、自强和繁荣做出过贡献的人！但是，当今有这么一股潮流，以否定党的历史、否定党的历史人物为"时髦"，特别以否定毛泽东为"兴趣"。说是在讲历史，说是"离历史越远就越看得清楚"，那么你看清楚什么了？旧中国封建势力日衰，列强瓜分中国，新老军阀混战，国人一盘散沙，这是不是当时实况的写照？不少仁人志士奋起抗争，寻找救国救民于水火的道路。共产党、毛泽东高举革命的大旗，经过万死不辞的斗争，重新凝聚了民族的力量，只用了 28 年就推翻了"三座大山"，战胜一切外部敌人，建立起独立的中国人民自己的共和国，这不是真实的历史？经过了六十多年反反复复、曲曲折折的建设发展，这个共和国建立了适应自己十几亿人需求的完整经济体系，成为世界第二大经济体，这么大的人口基数，不仅解决了温饱，而且还过上了小康的日子，这不是看得见、摸得着的吗？在所有这些过程中，中国共产党和毛泽东主席的历史功绩，是可以被抹杀掉的吗？无论怎么说，毛泽东主席与中国的近现代史都是融合在一起，是分不开的，也是改变不了的。建议人们看看网上转载的台湾学者李敖先生对毛泽东的评价。同时，提醒人们注意，李敖先生是个历史学家。

七、从三个数字看国情

　　一切都要从实际出发，就要一切都从国情出发。现在不少人看问题、提诉求，甚至很激烈，很多都是脱离具体国情而主观产生的。究竟什么是国情？可以有各种各样、许许多多的表述。笔者的一家之言是：中国有承载着 5000 年文化的 13 亿人，生活在欧亚大陆东南一隅 960 万平方公里土地上，这就是中国最基本的国情。这可不是简单的三个数字，把它再细化和排列组合，就能生发出一系列需要面对的实际问题。

　　比如，960 万平方公里的国土，不可谓不大。但在它上面生活着 13 亿人，其生存空间又不能算大。特别是这么大的国土面积，有四分之三是高原、山地、丘陵和沙漠，可耕地面积不足 20 亿亩，要养活好 13 亿人（高峰时可达 15 亿）的确是一件极不容易的事情，而我们每一个中国人，都身处在这件极不容易的事情之中，都无可避免地受它制约。这种自然条件要求我们有很高的农牧业产出，才能解决粮食安全和民族生存问题，所谓"民以食为天"，手中有粮才能心里不慌！这个最大的民生问题解决的怎么样？可能很多国人并未意识到，我国粮食单产水平是世界粮食单产平均水平的一倍，而我国农业平均用水量才是世界平均水平的四分之一。这一方面说明我们粮食生产水平已经相当高了，基本达到了粮食自给程度，这已是对世界的巨大贡献了。另一方面，也说明我们的农业生产处在脆弱的状态，一旦遇有大灾，特别是大旱绝收，则会出现粮食紧缺，民生遇险。难怪我们党和政府每年都要发出"一号文件"，指导农业、农村、农民，从不敢掉以轻心。难怪我国要实行最严格的土地管理，必须坚守 18 亿亩农业用地的红线。也正是党和政府精心竭力地耕耘农业，才保证了 13 亿人的生活和社会稳定。对此，我们不应该熟视无睹，而应有起码的认可和自豪——中国和中国人的自豪。同时也应保持起码的忧患意识，关注"三农"，全民配合面对这一最大的民生。

再比如，我国处于欧亚大陆东南一隅，北部是荒漠，西部有世界屋脊的高原，东部、南部有大海。历史的原因，她与其他强国较远，使她能够形成自己特有的农耕文化。而且这一文化从未间断地连续传承了 5000 年，成为世界上唯一保留至今的古文明国。从古老农耕文化中衍生培育出儒、释、道并存的中华文化思想体系，已经深深融化在民族的血脉里。这一现象既值得我们有民族的骄傲自豪，也可能成为我们向新历史迈进的巨大包袱。外部世界没有人能彻底改变她，这也就是我国不可能全盘西化的社会文化原因。我们只能与时俱进地向外部学习，在自己既有的思想文化体系基础上完善自我。事实上，自晚清开始的西学东渐以来，"五四"运动自下而上地要打倒"孔家店"，"文化大革命"中又自上而下地全面"扫四旧"，其结果都没能从根本上彻底改变中国博大精深的文化体系，只是像被冲击的黄土高原一样，有了许多沟沟壑壑，但雄浑的高原依然沧桑挺立。这就是中国的历史，也是中国的现实。是所有中国人不能不面对的问题，也是研究针对中国的外国人不能忽略的内容，否则，会像盲人摸象一样不得其要领。

千万不要小看这文化的影响力，当今世界上存在许多文化，西方国家的文化被称为主流文化，它的确对世界的格局产生巨大影响。但它又未能统治全球，也未见到能解决全世界的根本问题。说"不是东风压倒西风，就是西风压倒东风"，就文化而言，恐怕是谁都不可能彻底压倒对方。在东西方文化交流碰撞中，采取完全对抗的心理和策略，一定不会最终获得成功。因为人是高级生物，她不仅有生物属性，也有社会属性和精神属性。人类在为自身生存发展的过程中，不断适应自然环境，部分地改造环境，既创造出自身想要的环境，也同时创造出自己的文化。而不同民族创造出的不同文化，又与它的生存条件密切相关联，怎么可能让水边的民族和山地的民族采用同一生存模式、同一思想文化呢？美国哈佛大学知名教授塞缪尔·亨廷顿写过一本影响颇大的书，叫《文明的冲突》，这本书预言了西方文化与伊斯兰文化的冲突。后来的世界发生了"9·11"

恐怖袭击事件，而后紧接着是阿富汗战争、伊拉克战争、与伊朗的对立，再后来就是北非、阿拉伯世界的"茉莉花革命"……搞得世界很不安宁。那么基督教文化与伊斯兰文化，谁能最终压倒谁呢？是不是一定由"西风"，特别是盎格鲁·撒克逊体系，最终压倒"东风"，世界才能平静？而这种结局是公平正义的吗？可以期待的吗？按我们中华文明看，这种"冤冤相报何时了"呀！看起来解决人类之间这种冲突问题，还得从我们中华老祖宗的教导中来寻找办法。可惜亨廷顿教授不是世界性的大思想家和大政治家，他要是写一本《文明的融合》，岂不是对这个世界更好？马克思提出"无产阶级只有解放全人类，才能最终解放自己"。运用这一理念，我们可不可以提问：资产阶级和资本主义既然不能解决全人类的问题，那么它也一定会被别的东西所取代？这是不是全人类，包括西方发达国家需要共同面对的问题？

我们还是拉回来说我们的国情，说我们有 13 亿人的国情。这 13 亿人是在和平建设六十年间快速膨胀起来的，也是在 1980 年代实行计划生育国策的情况下产生的。这个计划生育政策曾经遭西方人严厉的病诟，现在也还有学者在无情地攻击。按照西方自由人权的价值理念，这是很糟糕的政策。可我们若不实行计划生育，现在至少已有 16 亿人了。在现有国土上，靠 18 亿亩红线内的农田，该怎么养活这些人呢？就算勉强养活，他们又能过什么样的日子呢？还敢提全面小康吗？1949 年建国时，美国人曾经预言，中国政府离开了西方的援助，根本养活不了自己的 4—5 亿人。实际情况是，我们不仅基本依靠自力更生，养活了自己 13 亿的国民，而且通过改革开放，又使 6—7 亿人脱贫，全民开始了小康的生活。站在自己国家民族的立场上，你不能抱怨我们的人口太多，因为抱怨根本无济于事，还会起到破坏民族团结、国家凝聚的作用。而应该看到，就是这 13 亿人，其平均预期寿命，已经是 76 岁了（根据世界卫生组织 2012 年底的统计），已经达到中等发达国家的水平。这可是世界五分之一的人口啊！

这个人口众多，对于国家治理而言，究竟是一个量的问题，还是一个质的问题？治理一个几百万人的国家，与治理一个十几亿人口的国家，会有什么不同呢？如果考虑到自然禀赋、资源环境这些无法回避的客观因素，小国和大国生存和发展的边界条件，就是根本不同的，它们所采取的发展道路和模式也就必然会有本质的不同。所以，当我们放开眼界学习借鉴世界先进可行的做法时，绝对不可以无视或小视我们自身的环境条件。说到这里，我们还可以看看想想这个世界，现在全球也已是 70 亿人了，据预测，本世纪末全球人口将达到 100 亿。仅就地球的资源和环境因素来看，这会是一个极其巨大的挑战，是对全人类的一个巨大挑战，人类社会将如何应对，现在并没有可靠可行的方案。没准控制人口增长速度，实行计划生育，还是一个不得不为之的选择呢。

当然，这个数字也意味着，我国已超阶段提前进入老龄化社会，60 岁以上的老年人已经超过 2 亿人。所谓"提前"和"超阶段"，是指我国现在的社会发展阶段，本来是达不到这样的水平，而在党和政府及全体人民的共同努力下，我们却做到了。这至少反映我们全民不再为温饱发愁，我们的婴儿死亡率很低，孕妇生产的死亡率很低，老年人病死率也不高，反映我们的医疗体制和社会保障是有效的，等等。认真想想这个 76 岁可不简单！它需要怎样的体制、机制、方针和政策来支撑？需要有关战线、部门、行业和全体从业人员，经过怎样的运作方能实现？它也深刻反映了国家整体实力和全体人民的生活水平，达到了一个相当的程度。尽管现在群众对"看病贵，看病难"还多有抱怨，它说明我们的工作还有很大的提升空间，还有大量问题需要解决。但对于已经取得的成绩和进步，却不应该视而不见，因为它不是自然而然就能实现的，需要经过多方艰苦认真的努力才能做到。整体而言，我们的社会已不是要解决全体人民吃上饭、穿上衣的温饱问题，而是要面对人口红利已所剩无几、全社会必须面对老龄化的问题。

虽然，以上论述涉及的只是总体国情的一些方面，要将国情问题细化和把这些问题排列组合，还会派生出许许多多的具体问题，但不管是总体而言，还是具体而言，它们都是我们国家躲不开、绕不过的问题，它们也不仅仅是主政当局需要解决的，同时也是全体国民需要具体直面的。解决它们不能仅仅靠当局正确的方针政策，还需要当前和长远的统筹兼顾，当然也离不开国人的理解和配合。比如住房问题，现阶段人们普遍认为房价过高，工薪阶层靠自己收入买不起房。但没有银行按揭贷款，他们怎么解决住房呢？有了按揭政策，多数人又抱怨成了"房奴"。其实，发达国家的多数人也是靠按揭贷款才实现了自有住房。他们也是"房奴"。而且，特别是美国，大大放宽房贷标准，又打包转嫁到资本市场，才形成了"次贷危机"，造成了一个金融市场的危机和经济危机。这个教训太深刻了，我们不能不认真汲取，不能不严防此种局面在我国重演。我国现阶段无法做到"人人有住房"，而只能争取"人人有房住"。有专家学者一直在说，我国有庞大的"刚需"市场，但他们并没有同时指出，我国现阶段购买第一套住房的业主，平均只有29岁多，而英国这样的老牌发达国家，购买第一套自有住房的平均年龄是40岁。这样的情况是不是反映出我国现阶段住房市场有扭曲的成分呢？或者说，所谓"刚性需求"，并不完全是理性的需求呢？据统计我国现在是自有住房率最高的国家之一，超过全民的90%。这是因为我们广大农村居民家庭都有自有住房。到城市打工的农民工，大多在家乡有一套属于自己的家庭住房，他们是不是都需要在城市也必须再有一套自己的住房？（有当然好）至于城市居民，包括白领工薪阶层，是不是现在就一定都有一套自己的住房？没有住房连结婚都结不了，怎么办呢？靠"啃老"来解决，这些也是"刚需"的范围吧。这也是现阶段理性的市场需求吗？没有住房结不了婚，那么发达国家的人们也并没有到40多岁才结婚。当然他们有发达的租赁房市场，这可能正是我们解决住房问题应该借鉴的地方。说明健康的市场也是需要引导和培育的。

笔者预计，至多再过 20 年，这种被扭曲的住房市场，可能会有很大逆转，那时，现在被"啃老"的家长纷纷离世。留给他们子女的至少是 3 套以上的房子，甚至更多。而步入中年以上的子女们，怎么处理他们手中的这些房产呢？都留着自己住显然是不可能，也不合理。而卖掉或出租，其价格一定会跌落不少，那会不会是一场另类的"危机"呢？人无远虑，必有近忧。笔者想说，这不是危言耸听，而是想指出，这类活生生的具体问题，也是国情的反映，而且是特殊的国情，需要根据现实的发展阶段与生活水平，全面综合地统筹考虑，加以调整。

八、情、理、法小议

我们国人待人处事，常常以情、理、法三个因素为依据。这本没什么不好，但国人判断事物所依据三因素的顺序，往往与西方人不同，这里面折射出思想文化的差异，也反映中国治理的特质。

记得前些年，沈阳的交通管理部门制定了一个依法治理交通乱象的条列，其中有一条规定，行人和非机动车在机动车道上违反交通规则，造成交通事故者，机动车驾驶员不负责任。这一规定被媒体概括为"撞了白撞"，于是引起一场激烈争论，甚至闹到中央电视台"实话实说"栏目。起草规定的交管局负责人解释说，他们的出发点是考虑到交通设施是公共产品，是为社会及大众服务的，为了提高公共设施的利用效率，需要依法加强管理，而在法律面前应该人人遵守，对违规违法的行为需要加以管制、惩戒，否则，影响整个公共设施的使用效率，影响社会秩序，也对守法遵规的人不公平。而持反对意见者认为，机动车是强者，行人和非机动车是弱者，后者显然敌不过前者。更何况机动车驾驶者，无论是公车还是私车，他们不是机关单位和企业，就是有钱人。在事故中，他们的损失是可以承受的，而行人和非机动车则难以承受。所以"撞了白撞"不合理，对穷人不利。法规应向弱者倾斜。双方各执己见，争论的重心变成了同情强者还是弱者。结果是舆论的压力，导致"规定"夭折。在后来的交通法规中出现了机动车"无责赔偿"的规定。

这一案例从一个侧面反映出我国法治的现状，也折射出我国社会治理的复杂。我们要建立法治国家，实行"以法治国"，那么，法治和情治、理治究竟应该如何摆布呢？法治的理念，是应该在"法律面前人人平等"的原则下，酌情适当考虑弱者？还是法律的前提就是向弱者倾斜，或保护弱者？这可是完全不一样的概念。

我们说法治社会是现代公民社会的一个基本制度，它既体现在国家意志上，以国家强制力量保证各种行为符合基本社会秩序的要求，又按照民主原则把国家事务法制化，实行依法管理。这就不仅要求政府及社会组织均需依法行事，也要求所有社会成员在享有法律规定的权利的同时，必须履行法律规定的义务，首先要遵守法律的规定。我国历史上是一个人治的社会，尽管自有国家政府出现以来，就有秦律、汉律、唐律、宋律、明律、大清律等等，但"普天之下，莫非王土，率土之滨，莫非王臣"，还是皇帝老子说了算。而那些"律"也是为统治阶级服务的，于是中国的社会也就成了人情的社会。中国还是一个曾经信奉"圣人崇拜"的社会，而圣人们讲的是一套套的道理，大家都应遵循，连天子也要讲"子曰"，大家都要按"尊尊亲亲"的规律行事。于是中国社会历来也是"讲礼"和"讲理"的社会。凡事先要讲个"情"，讲个"理"，"于情于理说不过去"或者"于情于理都说的通"，就成为判断事物的通常标准，而不是首先衡量是否合"法"，是否于法有据。长期以来，中国人形成了以"情"、"理"、"法"为顺序来考量社会事务的认识习惯。这种习惯的影响，对现代法治国家的建设有很大掣肘作用，这也是中国的现实。

我们广大人民群众从过去的"臣民"、"子民"，变成了新社会当家做主的"人民"，在建立了共和国后，我们的人民似乎并没有很好地完成从"革命的动力"、"历史的主人"，向现代社会"公民"的转变。现在看来，这种身份的转变，是非常需要也非常深刻的。这并不只是称呼、说法的改变，而是需要从思想意识到行为方式都产生蜕变的。而对13亿多有深厚文化底蕴的大众而言，这也是极为不容易的事情。

比如说，社会公民与社会法制应是个什么关系？法制要求所有公民必须遵法，但法制环境下，也许并不能满足某些团体和公民"情理之中"的诉求。子女有人违法了，父母有意无意视而不见，甚至庇护。这从"法"上讲，虽然涉嫌包庇犯罪，但并不违背一般的人常伦理，可能并不引起别人指责，还会被同情。该怎么对待这类事情呢？

再比如，城市快速发展，人口聚集，需要一个良好的环境和秩序，这不仅仅是城市形象问题，也是提高城市运转效率问题。所以出现了城市管理部门和城管执法队伍。但我们看到，城管成了时下最受指责的一部分，人们往往痛责他们查抄无照经营、违法占道小贩时的不人性化，暴力执法，不同情弱者，断人财路。却很少承认他们执法的初衷和整体效果，很少涉及环境和秩序的改善对更多市民带来的好处、对城市投资发展带来的利益，很少有人说到小贩的行为对普通行人和残疾人造成了侵害。媒体和网络舆论几乎一边倒的批评叫骂声中，人们却很难强调城市需要规范管理，而且基本看不到有意见指出，在把少数城管"妖魔化"的过程中，媒体曾经发挥了什么样的作用。在这里我们也看到依法治理的艰难。

国家、社会需要法治化，这是必须的，不言而喻的，是社会公平公正的必要条件。但法治并不是维持社会公平正义的充分条件。没有法治，社会正常规范的秩序不可能建立，那么社会上所有的人都可能会因无序混乱、不稳定而受到侵害，这又是绝大多数社会成员所不会接受的。然而，仅仅依靠"法治"，而缺失了"德治"，没有良好道德环境和人文环境，社会就能满足人们在"情和理"方面的诉求吗？就能实现"小康"、"大同"和"幸福"吗？显然，法治是正常社会的一个低标准的、起码的要求，必须首先实现的。但人们有理由要求一个更高标准、更人道、更合理的社会环境。同时需要指出，建设这样更高标准的社会环境，是政府、社会组织与人民群众共同的任务，缺了哪一方都是不可能实现的。一般的认识上，"法"是刚性的，法律规定具有硬邦邦的强制约束力。但是法律规定不可能细化到所有人们的所有行为。而且，法律规范下的社会形成了不同的社会组织和群体，也就是形成了不同的利益集团。把政府和执政党也都划为利益集团，显然是不正确的（也可能另有深意）。尽管政府和执政党也须在法律框架下依法行事，但她的社会功能与其他所谓利益集团有本质的不同。她不仅是法律法规的规划建议者（各种生效法律法规的批准权在最高权力机关——各级人民代表大会），也是依法调节所有利益集团实现某种平衡的实施者，是整个社会的管理者。社会已形成的不同利益集团，都有各自不同的诉求。它们各自地诉求也都有一定的道理，可以通俗地说是"情理之中"的。然而，满足所有这些不同的诉求，又是不可能的，做不到的。因为它们之间有时相互矛盾冲突，满足了这一方就会伤害到另一方。所以只能是通过管理者（施政者），运用法律的、行政的各种方式，达到某种平衡。

这里有个必要条件，就是每个利益集团也要学会与适应某种妥协和包容，这也是"民主"这个概念的要义之一。人们往往把民主与法治并提，就是这个道理。民主是多数人的统治，也是法治环境下妥协的政治。没有了妥协包容，就没有了正常的法治。而法治遭到了破坏，社会就会无序混乱，民主这个时髦的东西也就随之被瓦解掉了。看看现今北非、阿拉伯地区动乱造成的惨剧，我们应该有什么反思和警醒呢？

说到妥协和包容，就自然会联想到"情"与"理"的诉求。

我们觉得"情"和"理"不像"法"那样具有天然的刚性，它们是柔性的，有弹性的，可以调整的。比如，我们的集团群体，要求得到一百，但后来发现要得到这一百，就会伤及别的社会群体的所得。那么，我们得到六十、七十，让出一部分给别人，也是可以接受的。于是我们的诉求就从一百变成了六、七十。这就是弹性的体现。而说到"理"，归根到底是讲社会、人生的道理。站在不同地位、不同环境上，就会有不同的理，这也是"存在决定意识"使然吧。但是站在一个局部和站在更大范围，或者全局而言，所产生的道理就不一样，小道理应服从大道理，也是人们的共识。说明"理"这个东西也是可以变化的，并没有一个绝对的标准。

绝大多数中国人都是活在一个国家中，而维持一个国家正常基本的秩序，首先要实行法制化。也就是说，在法治的基础上，再去追求更合乎情理的秩序和环境。按照法、理、情的次序来对待和处理社会事务，才更符合现代社会的标准。问题是在中国要达到这样的标准，真是一件不容易的事。但再不容易，也要推动去实现，这该是我们社会治理的基本任务之一。

九、网络舆情与公共知识分子

　　我国改革开放，特别是实行市场经济以来，形成了社会多元化的格局，各种利益诉求相互碰撞，造成了社会矛盾的积累和发酵，并使得我国治理困难加剧。人们都说这是社会转型期不可避免的现象。那么我们的社会要转型到哪里去？形成何种模式？构成什么样的制度结构？却是意见极端分歧，莫衷一是。而这种意见分歧，激烈辩论最集中的地方，莫过于网络天地，网络舆情甚至冲击到社会认知、司法判决和政府决策。这究竟是福还是祸呢？

　　据说全球网民数量已达 25 亿，我国登记的网民也超过 5 亿，互联网时代已经真实到来，它带来的变化之深刻，影响面之广泛，可能超出几乎所有人的认知。但它是真真切切的客观存在，既绕不开，又躲不过，是福是祸都必须面对。

　　2013 年 6 月 20 日《环球时报》一篇文章中写到：根据美国

皮尤研究中心在中国的民意调查报告，高达 85％的中国民众，对国家未来方向表示满意；70％民众认为在过去五年生活得到改善；82％的民众对未来五年颇感乐观。这与我国网络环境中的"网络民意"，可谓大相径庭。这一现象说明什么呢？哪一个更真实反映"民意"呢？

作者本人近两年曾到过陕西、甘肃、黑龙江的十几个县市，有些还是贫困县。虽然不是做专门的调查，只是走马看花，但所闻所见都是一番平和安定，踏实生活，且含有希望的景象。所到之处都不是沿海发达地区，没有那种繁忙、紧张、竞争和喧嚣，但他们那里都在快速建设，都奔在跨越式发展的道路上。给我印象深刻的是陕甘，昔日满目裸露黄土的高原沟壑，现在却尽是绿色，植被覆盖了大地。祖祖辈辈生活在水土流失的贫瘠高原上的人们，都在感谢党的退耕还林、还草政策，也都在为这片热土进一步生态化而勤劳耕耘着。就连戈壁滩上的那些县市地区及周边也都变成了"绿洲"。那里多数人也都是过着衣食无忧的日子。我不敢说这里都摆脱了贫困，因为我国还有一亿多人口在贫困线上。但已有六七亿人脱贫却是不争的事实。国家大力实施扶贫攻坚，加大财政转移支付，又给了这些地区人民以希望。我所说的这些，也都是活生生的现实。我真的希望那些自称代表"民意"的公知们，能多到基层，多到普通群众的真实生活中，去寻求全面真实的民意。

我们国家有 13 亿多人口，一半生活在农村，有 2.5 亿农民工辛勤劳动在城市，而城镇中的多数人也都在为生活、为小康、为致富劳作着，也可以说人口的多数并没有那么好的上网条件，也没有那么多时间"泡"在网上。虽然不能说他们的意见不能被别人代表，但网络舆情中的激烈表达，应该不是他们多数人的本意。相信大多数人对一些社会乱象和腐败行为都非常不满，但也相信大多数人都希望社会安定、有序健康发展。这也就是皮尤研究中心的民意调查能够一定程度上反映中国现状的基础原因。

值得注意的是"网络水军"的存在。如今的网络环境中，只要付钱给他们，就可以为你的博客增高点击率，为你的微博增加粉丝量。他们还可以专门为你的需求进行策划、包装、造势。据说，干"水军"这一行当的人还不在少数，其影响力不可小视。至于充斥于网络中的谣言、中伤、诽谤和无事生非，也比比皆是。这样的网络环境是真实可信的吗？传播的是什么能量呢？它与大多数老百姓的愿望是吻合，还是背离呢？记得我们从小就受到家长和老师的教诲，人不能撒谎，因为那是最坏的品质。可是从什么时候起，撒谎、造谣惑众变成正常的事？在现实生活中不能这样，到"网络"环境中就可以了吗？虚拟的世界里就可以为所欲为而不要底线吗？

网络环境中的公知、大V、名人，人数虽不算多，但他们作为"意见领袖"，其影响力却很大，他们实际上是些有钱有闲的人，也有些是功成名就的人，可以说他们都是改革开放的既得利益者，也是我国开放舆论、增强民主的受益者。他们不满足于现状，要在网络世界中进一步施展抱负，这原本也没什么不可以，但他们中有些人似乎并不珍惜这个机会，并不对国情做深入认真的思考，而是从政治体制到具体政策，凡事批评、鞭笞，自认为批评政府是公共知识分子的社会职责，只愿做尖锐的批评者，而不愿成为社会进步的建设者。有时候，让人感觉他们就是为了"赚取眼球"，以充分表现自己的存在。

不过，既然作为"意见领袖"的"公知"们，涉及政治这一大范畴的问题，也就触及大多数人民群众的根本利益，那就有必要提醒两点：一是我们的国家不能在"文革"三十多年后，在网络社会中再造出一个"大鸣、大放、大字报、大串联"的环境和氛围，进而影响到现实生活。那种无法无天无政府的"大民主"，实际上造成的只能是社会的动乱、发展的停滞，而最终受害的是自己的国家和人民群众。在网络环境中有很大发言权和影响力的"意见领袖"们，尤其对此应有必要的自觉和责任；二是不能忘记敌对势力的存在，不能不看到西方势力确实在对中国实施"接触＋扼制"的策略。其中"西方价值观"是主要武器之一。"公知"们应该注意，把自己的认知与西方的策略作出切割，不要让人们联系到二战时期"第五纵队"那些事。更不要让人们以为你们并不是"独立思考者"，而是某些反华势力的代言人。

为说明这一点，笔者在这里推荐一篇文章，它是美国中央情报局官员艾伦·杜勒斯于 1945 年在美国众议院国际关系委员会上发表的演说。他说：

战争将要结束，一切都会有办法弄妥，都会安排好。我们将倾其所有，拿出所有的黄金，全部武装力量，把（苏联人）人们塑造成我们需要的样子，让他们听我们的。

人的脑子，人的意识，是会变的。只要把（他们的）脑子弄乱，我们就能不知不觉地改变他们的价值观念，并迫使他们相信一种经过偷换的价值观念。

用什么办法来做？我们一定要在苏联内部找到同意我们思想意识的人，找到我们的同盟军。

一场就其规模而言无与伦比的悲剧——一个最不屈的民族遭到毁灭的悲剧——将会一幕接一幕地上演。他们的自我意识将无可挽回地走向灭亡。比方说，我们将从文学和艺术中逐渐抹去他们的社会存在，我们将训练那些艺术家，打消他们想表现或者研究那些发生在人民群众深层的过程的兴趣。文学、戏剧、电影——一切都将表现和歌颂人类最卑鄙的情感。我们将使用一切办法去支持和抬举一批所谓的艺术家，让他们往苏联人的意识中灌输性崇拜、暴力崇拜、暴虐狂崇拜、背叛行为崇拜，总之是对一切不道德行为的崇拜。在（他们的）国家管理中，我们要制造混乱和无所适从……

我们将不知不觉地，但积极地和经常不断地促进（苏联）官员们的恣意妄为，让他们贪贿无度，丧失原则。官僚主义和拖沓推诿将被视为善举，而诚信和正派将被人耻笑，变成人人所不齿和不合时宜的东西。无赖和无耻、欺骗和谎言、酗酒和吸毒、人防人赛过惧怕野兽、羞耻之心的缺失、叛卖、民族主义和民族仇恨，首先是对俄罗斯人民的仇恨——我们将以高超的手法，在不知不觉间把这一切神圣化，让它绽放出绚丽之花……。只有少数人、极少数人，才能感觉到或者认识到究竟发生了什么。但我们会把这些人置于孤立无援的境地，把他们变成众人耻笑的对象；我们会找到毁谤他们的办法，宣布他们是社会渣滓。我们要把布尔什维克的根挖出来，把他们的精神道德的基础庸俗化并加以清除。

我们将以这种方法一代接一代地动摇和破坏列宁主义的狂热。我们要从青少年抓起，要把主要的赌注押在青年身上，要让他们的精神道德变质、发霉、腐烂。我们要把他们变成无耻之徒、庸人和世界主义者。我们一定要做到。

虽然这是 60 多年前的一篇"奇文"，但在后来的时间里，我们看到这篇奇文所讲述的策略，得到了"很好地"贯彻。冷战期间，苏联最终被搞垮了，苏共被解散了，堂堂二强之一的超级大国，被肢解为一批二三流国家。一度 50% 以上的人民生活水平被降到贫困线以下。在这一过程中，我们时不时能看到"艾伦·杜勒斯策略"的奏效。不应说美国人搞阴谋，要看到它是明明白白的阳谋。人家的确是公开这么说的，也是这么做的，今天还在这么做。看看我们国家的一些乱象，与艾伦·杜勒斯讲的，何其相似乃尔！这不让人触目惊心吗？所以，"公知"们如果脑子里没有这根弦，那可真是危险的。如果你真的关心国家和人民，就要为她们的根本利益着想，就要想到你的言论，那也是一把"双刃剑"，也是会被利用而伤到自己国家和人民身上的。

有研究互联网的专家学者指出：相对于拥有较完善制度、规则和秩序的现实世界，网络世界仍处于空白阶段。问题与冲突刚刚开始爆发，而且来的异常猛烈。与现实世界里三个世界的划分类似，网络世界也可划分为三个世界：即网络霸权国家、网络主权国家和网络殖民国家。从互联网的技术占有、基础设施、产业竞争力和网络战实力的角度看，美国是唯一的网络霸权国家。英、法、德等欧洲国家和俄国、中国、澳大利亚、日本、韩国、印度等可以称为网络主权国家，可以一定程度掌握自己的网络主导权。而相当多的国家不具备足够的互联网力量，只能成为网络殖民国家。

网络空间的重要性日益凸显，各国都开始重视网络空间战略。这种战略又可分为进攻型战略和防御型战略。而全球唯一有实力和能力实施进攻性战略的，只有美国一家。想想看，互联网的基础设施，比如根服务器、域名服务器，大都在美国或者在美政府的实际控制下。全球互联网主要供应商，基本上由微软、谷歌、思科、英特尔、苹果等美国企业领衔。美国占据了互联网从技术到基础设施、到运营管理各方面的制高点，无人能取代。从斯诺登的爆料中，人们完全可以看清楚，美国政府控制着世界上几乎所有使用网络的人的信息。他们还可以从根源性技术上创造出可用来攻击别人的"空间"、"地址"和"后门"，这就给了他们可以攻击任何国家、组织及个人的能力。本人曾从事过早期国产计算机研发工作，尽管美国人从来不承认他们计算机的 CPU、内存和操作系统中，有意留有一些"空白"，但我们知道它实际上是存在的。因此，他们利用这些"空白"，嵌入类似"木马"等软件，在逻辑上是完全可能的。否则怎么会出现大量的黑客，攻击别人的系统。这不也正说明了整个网络系统中存在着许多"漏洞"，是可以被利用来搞破坏的。美国政府声称中国黑客进入他们的各种系统，非法窃取信息，制造出一个中美关系的大问题，其实是"恶人先告状"，"贼喊抓贼"的舆论战、信息战的战术和手法而已。最有能力的黑客和网络战部队，就在美国。

把以上事实纳入到我们对网络社会的认识，应该能理解我们以上说法并非耸人听闻，无端生事，或过于上纲上线了。

至于少数人就是觉得西方那一套好，就是要唯西方马首是瞻，就是看不上自己的国家和民族，那也是没办法的。我们只好采取"道不同，不相为谋"的态度。但你就不能挡着，不让人们由此想起汪兆铭之流。因为那也是这个国家和民族"深深的痛"，切肤之痛！绝大多数的中国人，没人想回到那个时代。

除了防止被敌对势力所利用外，还有一些是认识问题。网络环境中这类问题很宽泛，很多，不可能一一对应。但我们有必要指出：在网络环境下加强管理，给网络社会立法，本身就是使网络更好地为社会、为大众健康服务的需要，这与"言论自由"扯不上关系。所谓自由也不是无边界的。现实生活中你公开地骂人、污蔑，被视为不道德的流氓行为，难道在网络中就变得道德了，就不是流氓行为了吗？随便骂人也可以列为"言论自由"当中吗？那种无边界、无遮拦的"言论自由"实在是有害于社会的。

还应当看到，网络环境中有许多"愤青"、"老愤青"。

特别是在微博、微信中，由于容量的局限，它无法表达系统的、经过分析的意见，更多的是随机跟帖，表达一下自己的态度。这里面充满了对贪腐现象的痛恨。我们说这种意见表达有正义的意义，但也不能不说很多是过于情绪化的宣泄，或者说是某种社会现象缺少理性分析。他们所痛斥的现象，不可能在一夜之间消除，而这些现象也不是我们这个社会的全部。我们社会要发展进步，还有更多的事情要做。

还想问一句，所谓"公共知识分子"是什么标准？怎么产生的？是谁人或某种组织"册封"的？是自然而然形成的还是自诩的？这些大V、"公知"的形成与"水军"的造势有没有联系？不管怎么形成的，既然叫做公共知识分子，那起码应对"公共"负责任，也就是对社会、对大众的福祉负责任。怎么才叫做对社会、对大众负责任？这是不是一个应该认真、严肃、理性对待的问题？真诚希望这些公共知识分子珍惜自己的这一身份，所言所行能真正考虑和代表人民大众的切身、根本和长远利益。

十、"中等收入陷阱"

人们经常听到"中等收入陷阱"这样一种说法。它所指的是，一个国家，特别是较快发展的国家，当它的人均 GDP 达到 3000 至 5000 美元时，就有可能落入"中等收入陷阱"。其特点大致是：社会思潮多元且激烈撞击，社会利益多元，且社会矛盾激化，甚至造成社会的撕裂。政府权威降低且效率低下，国家发展长时间徘徊、停滞，且易于发生动荡。民众生活水平不升且不满情绪积累，时而爆发……这种情况在东欧、南美、非洲和亚洲都可以找得到。那些落入"中等收入陷阱"的国家出现的一些情况，在我国都能找到它们的影子，尤其是在网络环境中。于是也引起国人，特别是知识精英们的警觉，不少专家学者在为我国避免掉进"中等收入陷阱"而出谋划策。

产生上述担心，不是没有道理，因为现实世界确实存在这种现象。

一旦落入那种状况，则国家、民族的发展，人民大众的福祉，会遭遇巨大挫折、损失，而且很长时间都见不到改善和希望。这是绝大多数国人都不愿看到的。现实世界中已经掉入"陷阱"的国家，实行的是不同的体制和制度，其中大多是西方国家推行的那种民主体制的国家。由此也可以推论出，实行西方式民主制度，没有能给他们找出解决这类问题的根本办法。这是不是当今世界出现的一个"悖论"？说不清楚。但是至少现实世界解决这一"陷阱"问题，尚没有一个良方妙药。看来，各国有识之士还得共同面对这一世界性难题，当然我们国家也不例外。

世界上有不少落入"中等收入陷阱"的国家，这可能只是一种对现象的概括，而并不是某种理论的结果。但要防止落入陷阱，则可以从别国的现象中，寻找出我们可以借鉴的东西。

比如，那些国家大多数都还没有完成原始积累，为什么会在人均 GDP3000 美金以上出现"陷阱"？应该与其经济基础有关，或者说与其社会发展阶段有关。当社会生产力有所发展，财富有所积累时，对于这些财富的分配，就会产生不同的诉求，社会中不同的集团之间，就会发生分歧、矛盾与冲突。代表不同利益集团的政党、政治团体，就会在权力分配上发生争斗。在这种情况下，如果没有一种关于发展的方向与道路、理念与模式、权利与利益、近期与长远的选择和平衡机制，就达不成进一步发展的共识，结果是你上台我掣肘，我上台你拆台，谁也不可能做出实质性的大决策、大变革。只能是你往右搞一搞，触动了别的集团的利益，最后下来；我上去往左搞一搞，又触动了另一方利益，再下台。大家都是短期行为，短期目标，短到就是一届议会、一届政府的权力之争。于是从上到下，大家都越来越短视，而国家、民族长远发展问题，就越来越没有一种制度、机制能使之提上议程。这就是我们看到的"陷阱"中国家的情况。

其实，像日本这样发达的国家，也遇到类似情况，差不多一年换一届政府，谁能解决大问题呢？这就是体制的毛病了。不过他们是完成了原始积累的国家，他们的社会生产力已经发展到相当程度。他们经过几百年的磨合，形成了某种调适以达到一定平衡的运行机制，其上层建筑基本适应经济基础，财富的分配也有了调节的能力，社会保障体系较为完备。所以动荡较少，也较为平和，社会显得比较成熟，特别是欧洲国家。但是，这些完成了原始积累的国家，其完成原始积累的过程，是其他发展中国家不可复制的。先发展国家的积累过程在很大程度上是依靠殖民主义完成的。"二战"以后，世界上绝大多数国家实现了民族独立，老的殖民主义破产了，后发展国家只能谋求新的道路，新的模式，以自我积累的方式，在相互合作中寻求互补共赢来逐步完成原始积累，这也就是我国主张南北对话、南南合作所追求的。当然，在发达国家主导的国际秩序中，这条道仍是"路漫漫其修远"，需要"上下求索"。

问题不仅仅在于这些国家所处的国际环境，而更在于全球化趋势下的国内秩序。如果这种内部多元、利益矛盾，甚而至于不断冲突的状况，找不到一种相互妥协，达成某种平衡的办法，公平和效率不能统筹兼顾，国家和社会不能进入良性循环，人们也就看不到希望。我们从"陷阱中国家"的现状中，尤其是实行民主体制中，看到了它负面的影响。在那里，民主主义和民粹主义可能是混淆的。英国前首相丘吉尔说民主是最不坏的制度，那也可以说民主有不好的成分，他是不是指效率不高和民粹主义的影响呢？对于发展中国家，效率低下和民粹主义正是他们完成原始积累所面临的障碍。在那里也都是法治社会，但法律精神并没有真正保障其民主体制的成熟，反而可能在某种情况下，维护了不成熟。甚至可能出现少数人"绑架"全社会利益，以及培养出"暴民政治"的氛围。

在当今世界上，各种各样的政治制度，本质上都是"代议制"制度，即由少数人代表大多数人，或代替大多数人行使权力。所谓民主制度也是"代议制民主"。由政党、政客、议员来代表各个阶层与集团（当然是有特别门槛的）。说白了，也就是精英政治。政党政治也就是精英政治。问题的实质不在于精英政治是否合理——世界上远没有一种不是精英政治的形式（即使是王国王权，也要找一批王臣们替他管理，这批王臣也是精英），没有一种民众通过民主直接统治的政权存在。问题在于精英的产生过程以及他们的治国方略，能否代表国家、民族的根本利益，能否贴近和满足大多数民众的福祉，能否兼顾公平与效率，能否调整和慰平不同阶层的需求（包括低层和弱势群体），能否兼顾到近期与长远……。如果这些大的问题还可以协商推进，那么还好。如果议会里变成党争之地，权争之地，掣肘之地，议员政客们首先要考虑的是本党的利益，本党的立场，本党下一次的议席数量，以及为下一次选举积累人气，培育票仓，那么国家发展大的问题就难上议程，更谈不上认真解决。于是整个国家就停滞不前了。停滞也还问题不大，反正已有"中等收入"的基础，不至于民生凋敝而发生动乱。但长期如此，再加上外力作用，那可就说不准了。这就是"陷阱"的可怕之处。

通过以上观察，再反观自己国家的现状，是不是发现我们有许多长处？我们的体制并不像西方政客、媒体所攻击的那样不堪，反而是有许多优越性。我们各级干部的产生、选拔、培养，是有社会监督问责的，是有实践考察的，是可以选出人才，也是大都能干事的，其实际效果并不比西方的议会差。我们的体制下，能集中力量办大事，解决大问题，而且大多数是国家发展进步需要的好事，其效率是别人难望项背的。也正是有这种体制优势，我国才能连续三十几年，以每年9%以上的速度发展，而且遇到几次世界经济周期波动，能保持平稳态势。我们今天的社会出现不少问题，但毕竟是整个社会快速进步中发生的，而不是在停滞不前中发生的，也是通过进一步发展大多可以克服的。

反过来想，若这些问题没发生，回到发生前的体制会怎么样？应该说，那时确实没有这么多社会矛盾和问题，大家较平均，差别不大。人们也没现在那么多情绪、牢骚、怨气，人民要比现在平和得多。社会秩序比现在好不少，也没有那么多贪腐现象。但生产力发展慢，短缺经济下，多数人徘徊在温饱线上，还有不少人肚子都吃不饱，你愿意那样吗？大多数国人愿意那样吗？不是因为"贫穷不是社会主义"才要改革吗？现在的年轻人没有经过那个时代，不能体会这个国家是怎么走过来的，也就不能深入理解国家走到今天是多么不容易。可是不从整体上珍惜已取得的巨大成绩和大多数国人已经得到的利益，就有可能也落入"中等收入陷阱"，那样国家和人民的前景就堪忧了。

"十八大"以后，习近平总书记提出要有理论自信、道路自信、制度自信，这不仅仅是针对今后发展所必须的，也是基于前几十年国家发展实践总结出来的，同时也是对世界发展和国际环境的深刻认识而提炼出的。它不仅仅需要全党同志的共识，也需要全体国民，至少是大多数人民的共识。可以设想一下，如果领导这个国家的党，提不出民族复兴的大方向和改革开放一系列路线、方针、政策，而只是针对社会现存问题，头痛医头，东掩西挡，大家赖以生存的这个国家会是什么样子？会不会掉进"陷阱"而难于自拔？那样的话，希望何在？而她有胆识，有担当，敢于为国家提出方向、道路和办法（尽管可能不完备，需要不断调整），那该不该给予时间机会，配合她共渡难关？另一方面，"国家兴亡，匹夫有责"，说的应该是国兴匹夫有责，国衰匹夫也有责。没有多数国人的理解、信任、支持、配合，你想你的眼前，他想他的身后，没有聚焦，散沙一盘，那是什么好的主张也搞不成功的。"匹夫"的能量极大，有时成亦由斯，败亦由斯。说到这，不由想起亚洲金融风暴中的韩国。他们的人民群众自发地捐出金银首饰和金钱，主动地想帮助国家渡过难关，这是怎样的民族性。而欧洲经济危机中的希腊，干工作的人不多，上街游行抗议紧缩开支时都来了，这种局面对解决危机大大增加了难度。所以，不应该简单地把精英和群众对立起来，而要把它们辩证统一起来，追求最大公约数。这不是什么说教，而是现实不得不做的选择，是为政者和群众都需要进行的选择。

由此可以认定，教育就成为极端重要的问题。毛泽东主席曾经说过，"严重的问题在于教育农民"。在旧中国，农民群众占人口的绝大多数，共产党通过土地革命，解决农民的基本问题，同时进行了充分的教育工作，引导农民阶级成为革命的主力军，建立起以工人阶级为领导、工农联盟为基础的人民共和国。解决农民的问题，才能解决中国的根本问题，这是中国革命成功的基本经验之一。邓小平同志曾经总结改革开放一段时间的经验教训，也明确提出"教育出了问题"。他所指的教育问题，不是指大、中、小学教育，教育部管的那些事，而应该是指全体人民的教育问题。回顾三十多年的历程，我们更加理解了小平同志所指出问题的重要性。不管怎么说，党员干部需要教育，党的高级干部需要教育，人民群众同样需要教育。这可能是我们国家避免落入"中等收入陷阱"的题中应有之意。

改革开放以来，我们实行市场经济，在引进外来资本、技术、市场和管理的同时，西方的价值观及许许多多的理念也广泛影响着我们的社会。其中，强调个人利益与自由更是深刻改变着人们的生活。现实生活中的种种乱象，许多与此有关，也说明我们的社会对西方的东西严重"消化不良"。如果每个个人、家庭、团体、群体、组织，都只讲利益，而且是自身的利益，当然社会整体也能从中得到活力和利益，这是亚当·斯密早就讲过的。但是与此同时，没有社会契约义务，没有社会法治制约，没有公民意识自觉，没有道德规范控制，整个社会一定变得无序、混乱和残酷。人性恶的一面就会膨胀，像"潘多拉盒"中的魔鬼被释放出来一样危害社会，社会中大多数人就该难受了。所以，个体与集体，个人与社会，个人与国家，自由与纪律，民主与法制，道德与修养，权力与义务，局部与全局，眼前与长远，是与非，善与恶……等等，所有这些涉及国家社会运转秩序的要素，都需要人们认真考虑，认真对待。那种各行其是，放任自流，我行我素，真的不是国家之福、大众之福。

中国几千年来就是一个建立在"农耕文化"基础上的社会，是一个"小资产阶级的汪洋大海"，那种"人不患寡而患不均"、"人不患贫而患不安"的社会理念根深蒂固。这一方面表达出人们追求公平正义的诉求，另一方面也正是这种理念，影响着生产力与社会发展，与市场经济法则并不相符，特别是在培养企业家精神和社会创新能力方面。社会成员差别过大，会带来不安和动荡，但差别也能激发社会活力，促进经济社会发展，这也是我国需要小心谨慎加以平衡的大问题。是不是也应该与时俱进地加以调整呢？否则，搞得不好，它也会变成我国落入"中等收入陷阱"的内在因素。

十一、身份认同是基础

　　这里谈的身份认同，是指作为中国人对自己中国人身份的态度，这可能是很值得关注，但又被普遍忽视的问题。我们是中国人，在说中国的事，谈中国的问题和前途，自然与外国人谈这类事是完全不同的。

　　中国人的身份认同，首先应体现在国家认同上。当今世界仍然是以国家为实体组成的，现实中没有人生活在国家之外，不管你是身在祖国，还是侨居他乡。我们13亿之众的中国人，99％以上就只能生活在祖先留下的这片国土上。因此，可以肯定地说：国家，既是社会统治的机器，也是世界各民族赖以生存的基础载体和基本形态。孟子曰："天下之本在国，国之本在家"，中国古代先贤两千多年前概括的这一点，至今并没有本质上的改变。那么，各国人民的福祉必然和他的国家利益紧密联系在一起，这一点也没有根本改变。国家利益至上仍是现今世界必然的行事逻辑，爱国主义也就成为各国人民的行为准则，家国情怀自然就被纳入到人们的道德标准和根本利益范围。这一串的关系绝不是道德说教，而是影响每一个人的活生生的现实课题。中国人有一句格言："金窝银窝不如自己的草窝。"如果说发达国家是金窝银窝，那是人家的，不是自家。草窝虽不济，但它毕竟属于自己。想挤进人家里，人家主人愿意吗？就算给你一间客房，住长了还可能遭人烦，何况我们这么多人，人家也盛不下呀。在自家草窝里，你是自由的，放松的，无拘无束的。在人家家里你能吗？如果别人家去不了，而自己的家搞乱了，窝也没了，那我们的人民到哪里立足、建窝呢？所以，还是那句话，没有国，哪有家。

笔者曾经两次去过美国，令我颇感震撼的不是那里的先进发达，而是两件小事。一次是代表团参加一个大型活动，成千上万人聚集在广场，生性自由活泼的美国人，看似无拘无束地嬉笑打闹。但当三名海军陆战队士兵护卫着星条旗正步走入广场时，人们立刻安静下来，右手按在左胸前，表情庄严地注目他们的国旗，偌大广场只听见三名战士的脚步声。可畏的是并没有人提醒，大家都是自觉的。另一次是在饭馆吃饭，当电视里响起"星条旗高高飘扬"的国歌声时，所有正在用餐的美国人，不约而同地站起来，表情严肃地按住心口，直到国歌声结束。我当时就想，美国人的爱国情怀，绝不输于任何国家，美国人的国家认同感与她的强大有着必然关系。

我们不能忘记，当小布什总统发动阿富汗战争和伊拉克战争时，美国支持开战的人数超过 90％，后来的北非、阿拉伯地区 "茉莉花革命" 时，美国国内支持者也是绝大多数。他们当时认定这些战争行为符合美国利益。而在前苏联，由于过度接受西方价值观说教，放弃了自己的主流思想文化，当戈尔巴乔夫总统的 "新思维" 和 "公开性"，事实上搞乱了人们的思想，搞乱了国家的秩序，她的人民不满意自己联盟的发展时（可能既有不满以前的专制，也有不满当前的混乱），国家认同感被瓦解了，整个 "苏维埃社会主义共和国联盟" 也随之瓦解。世界上两个超级大国之一的苏联从地球上消失了，变成了十几个二三流国家。问题是他们的人民并没有从此过上更美好的日子，还一度生活变得很贫穷。除了俄罗斯外，如今还会有多少人关注他们呢？俄罗斯在普京领导下，重拾国家尊严，一个不屈的民族重振国家认同，国家与人民也开始强盛和富裕。这种历史的教训，就发生在我们身边不久以前，该不会忘记吧。

国家认同，离不开对国家基本状况和发展道路的认同。我们的国家，是从一盘散沙、外强瓜分、军阀割据、战火频仍的状况下重新站立起来的。无论说她是 "睡着的狮子"，还是说她 "东亚的病夫"，都是任人宰割、欺辱的对象。除了掠夺你的资源财富，没人关心你的人民疾苦，国民也变得越来越愚昧和麻木，就像鲁迅先生无情鞭挞的那样。半个多世纪以来，她从一穷二白、百废待兴的基础上，经过不断探索，而今崛起为世界第二大经济体。人均国内生产总值从 1978 年的 381.23 元，发展到人均 5600 美元，综合国力从贫穷落后一举而成为 "中等收入国家"。与此同时，六七亿人民脱离贫困，全体人民不再为温饱发愁，而是向全面小康的标准快速迈进，而且中国人做到了"可上九天揽月"、"可下五洋抓鳖"……。现在世界上还有谁敢小看中国和中国人民吗？纵观七八十年的变化，你不觉得作为中国人很提气吗？这一切也都是发生在我们身边的事情，它活生生说明我们国家走了一条正确的道路，而且正在走着一条正确的道路上。不管当下还有多少问题需要解决，我们已经取得的空前成就都显示着国家、社会的巨大进步，而且她仍然蕴藏着更多的潜力与希望，这就是当今国家的主流。不是要坚持"实践是检验真理的唯一标准"吗？如果连这一点都不能取得共识而为大多数中国人所认同，那这个国家和她人民的未来，一定是可悲的。如果有人一定要妄自菲薄，破坏多数人的这个认识，那他肯定是心有他骛，自觉不自觉地与多数中国人的利益对立。

对于国家、社会存在的问题，领导中国实现复兴事业的中国共产党，给出了以更大决心进行全面深化改革的解决方案，十八届三中全会的决定，体现了巨大的气魄和责任担当。但是这条继续改革之旅注定不会一帆风顺，注定需要全社会各种力量的共同配合。如果我们的人民不能以"道路是曲折的，前途是光明的"的认知，形成强大合力，去攻坚克难，那她的进一步成功，就会变成镜中花、水中月，可望而不可即。当执政党下决心这样干时，我们的社会、我们的国民做好相应的准备了吗？

政府代表国家管理着整个社会，也为全体国民的利益工作。

管理者与被管理者是辩证统一的关系，不应简单地将这种关系看做是对立的关系。政府要面对的是所有社会力量，包括所有的阶级、群体，也包括各种支持的和反对的力量。拿当今流行的说法，就是要面对所有的"利益集团"。她的任务是要在各种"利益集团"的利益诉求中，找到并实施某种平衡，在"最大公约数"的涵盖下，保持社会的持续发展和进步，在基本满足各种利益的条件下，维护国家的长远根本利益。而这种长远根本利益，也包含着各种"利益集团"的利益。把政府本身当做一个利益集团，而且是"既得利益集团"，是对政府功能的扭曲，显然是不正确的。

中国人的身份认同和国家认同，还离不开民族文化的认同。我们的民族创造了自己独特的文化，是世界上唯一从古到今传承下来的文化。美国著名历史学家斯塔夫里阿诺斯在他的《全球通史》中这样定义文化："人类，只有人类，能够创造自己想要的环境，即今日所谓的文化"。"由于人类具备独特的，彻底变革环境的能力，所以人类不用经过生理上的突变便能很好地应对周围的环境"。"具体地说，人类文化包括工具、衣服、装饰品、制度、语言、艺术形式、宗教信仰和习俗"。以这样的视角来看中国的文化，就可以理解它是中华民族为适应与改造生存环境而创造出来的，它就是"天人合一"的产物。既然是与生存环境紧密联系，那么，它一定随环境的变化而变化，叫做"与时俱进"，才有生命力的。但不论怎么变，都离不开外部环境，离不开我们所说的"大道"。我们的国家没有赶上第一次工业革命的步伐，导致国家的衰落和人民受辱，这里确有传统文化保守落后的因素。但西方列强的入侵和瓜分，却也激活了我们文化中固有的自醒、自力、自强，在新的条件下努力寻求适应与变革，以应对新的环境，我们又成功地自立于世界民族之林了。这一历史变化诚然是学习外部的结果，当然也是自身文化发掘、发挥、融合、变革的结果。所以说，我们当今的改革，事实上也是秉承自己传统文化活的精神，继续创造更好环境，也同时创造更辉煌文化的必由之路。完全没有必要产生文化自卑、文化自悲的心理，而应有坚定的文化自信。

既然我们从民族文化中可以理解到继续前进的精神依据，而不是像有些学者指出的那样，传统文化全是阻碍现代化的负累，那么，我们当然可以理直气壮地继承和弘扬它的精要部分。我们的圣贤主张"内圣外王"，提出"天下为公"和"世界大同"，将"格物、致知、正心、诚意、修身、齐家、治国、平天下"统一起来。其中，重教精学，依道而行，重视修养，就是一个很好的特点，值得抓住并继续坚持（可惜这些好的传统被破坏得太厉害，被忽视得太久了）。共产党领导人民闹革命，推翻了旧世界，建立了新秩序，重要的一条是她自身有坚定的信念和铁的纪律，要求其成员都有自觉的党性修养，且始终以人民的福祉为奋斗目标，因而形成了战胜一切艰难险阻的力量，也成为共产党文化的重要组成部分。如果我们要继续前进，这些民族的、优良的文化就是不可或缺的。

我想借此说一个文化现象：美国知名历史学家、哲学家威尔·杜兰特专注于世界文明史研究。这位美国自由勋章获得者曾著书向世界推荐了十位最伟大的思想家，第一个就是中国的孔子。他在穷 50 年心血创作的《世界文明史》中，有这样一段话："群众最常见的做派就是喜欢通过贬抑他人来达到吹嘘自己的目的，尤其是指出伟人的缺点，更可以满足这一心理。"我理解：既然是最常见的"做派"，那它就是指一种习惯或习俗，既涉及人的认识范畴，又涉及社会传播领域，它也就是文化的一部分了。可能我们所有的人都会有这种"做派"、这种"心理"表现。如果把这种现象延伸一下，把"贬抑他人"理解为"他人做的事"，把"伟人的缺点"延伸到"对领导做事的理解"，这样做似乎并没有脱离威尔·杜兰特所指的规律以及范围。那么，我们就会看到，事情不仅仅像中国老百姓所说的"好事不出门，坏事传千里"这样一种认知和传播习惯，而且在群众的习惯心理中，自然就有一种对管理者、对别人表现的贬抑和距离因素。这是不是所谓"人性"的一部分，我搞不懂，但我觉得这正是我们国家、社会和民众都应该直面的一个问题。因为它可能对社会进步有间接的积极意义，但更多的可能是对国家文明起消极作用的因素。而它又不是简单命令可以改变的，难怪列宁要说"千百万人的习惯势力是最可怕的"。国人若都能认识到有这么一说，再加多一些理性，自觉做一点调整，那就是不小的进步了。

还应该认识到，所谓文化，其实也是意识形态。中国的文化是中国的意识形态形成的基础；西方的文化，是形成西方意识形态和所谓价值观的基础。东西方文化不同，其意识形态也就不同，这本没有什么奇怪。而意识形态的不同，会造成社会体制的不同，这也完全合乎逻辑。同时，我们的文化本身就具有包容性，它并不排斥外来的文化，并不影响我们随着社会进步，或为了社会进一步的发展，而学习外部先进、成功的东西，经过消化吸收，把它本土化。因为外来文化的存在和影响也是我们生存环境的组成部分。事实上中华文化就是在不断与外来文化碰撞中形成和发展起来的。那么，我们今天为什么不能在各种文化的交融中，创造出更好的、更能适应各民族发展的、更新的文化呢？为什么一定要非此即彼，按照别人的文化及意志行事，而放弃自己的特质呢？如果我们不能坚持自己的主体文化，以保证本民族性格与自信的连续稳定，就很难不出现严重的道德失范和秩序动荡。前苏联的下场就是一个切实的警示。

都说最好的创新是融合，那么，中国参与创造和引领人类新的文化，不仅完全可能，而且正逢其时。

中国人要挺起自己的脊梁，汇聚各种正能量，坚定地走自己的路，这才是最有希望的。

2014 年 6 月

勿忘实事求是

当前，思想界非常活跃，各种思潮剧烈碰撞，一些观点尖锐对立，让人莫衷一是。虽然百家争鸣不是坏事，但毕竟涉及国家的发展大局和人民的福祉，总不能任由各自野马脱缰般地狂奔乱跑，以致迷失了方向，迷乱了社会，总是需要一些基本的遵循原则。笔者认为：无论是什么主义，什么观点，什么价值取向，在中国研讨中国的问题，都需要用"实事求是"这一基本原则去加以检验和鉴别。本文试图从形势判断、问题分析、改革进程和国情实际等方面说明实事求是的重要，从而引起人们议论，求得更务实的思考。

实事求是，是我们战胜一切敌人和艰难险阻的有力思想武器。在第一、第二国内革命战争时期，由于党的领导层没有能够实事求是地分析判断形势，又被动地接受第三国际脱离我国实际的指导，结果出现了一次"右倾"和三次"左倾"路线，导致中国革命遭受了巨大挫折和损失。延安整风运动认真总结历史经验教训，确立了实事求是的思想路线，开始了党真正独立领导中国革命的进程，并且高举起马列主义普遍真理与中国革命具体实践相结合的毛泽东思想伟大旗帜，从此就取得了一个又一个胜利，建立了人民共和国。解放后，我们又出现过脱离实事求是思想路线的时期，结果产生了"大跃进"、人民公社以及"文化大革命"那样的大动乱。自十一届三中全会，以邓小平为核心的第二代领导人，重新高擎实事求是的大旗，提出"实事求是、解放思想、团结一致向前看"的思想路线，开启了改革开放的新时代，中国的面貌便发生了翻天覆地的深刻变化，创造出举世公认的人类奇迹。历史的经验告诉我们，坚持实事求是的思想路线，我们就前进、就胜利；离开了实事求是，我们就挫折、就失败。这是一条须臾不可忘记的真道理，大道理。

（一）

实事求是首先是一个认识论的过程，要求我们对纷繁复杂的社会现实进行"由此及彼，由表及里，去粗取精，去伪存真"的分析和综合，得出真知灼见，然后去探究、规划求得正确方向的路径、方式。要解决问题，首先要真正搞清楚问题是什么？为什么？才能找到正确的怎么办。

回顾以往的历史，每一个阶段，我们党总是首先对形势进行分析，然后才针对性地提出任务和方针。凡是形势分析客观全面而又准确，往往制订的任务、路线、方针就正确；凡是对形势判断不客观、不全面，往往就会出现目标、任务的偏向和方针政策的失误，正确认识形势太重要了。

现在的形势该怎么看？各种判断相差甚远。有人认为我国政治体制改革严重滞后，阻碍了经济社会的发展，应该按照自由、民主、个人利益等"普世价值"来进行彻底改革，否则，执政党将垮台，国家将崩盘。然而，一个基本的事实是，共和国的几十年，我们就是在现行基本体制下走过来的。这种体制下，我国出现过个人崇拜和权力过于集中，出现过"文化大革命"那样的灾难；但也是在这种体制下，我国实行了改革开放，坚持"一个中心，两个基本点"的基本路线和一系列改革、发展、稳定的方针，建立起基本上完整的市场经济体制，实现了长达30多年平均增长9%以上的国民经济发展，综合国力空前增强，几亿人脱贫，人民生活普遍改善，法治社会基本建立，社会保障体系已具规模，社会多元化环境大体形成，民主政治有了很大提升，人民有了更多的自由选择和发展空间，整个国家和社会表现出从未有过的活力。即使在2008年以来全球性的经济金融危机的冲击下，我国的表现都不仅超过了一般市场经济国家，包括最发达的西方国家，而且也优于同我国一样具有劳动力成本优势和自然资源优势的其他发展中国家。这一切巨大成就和进步，是从天上掉下来的？当然不是！所有这些，都显示出我们的体制和制度，并不像西方人士和我们自己一些人所说的那样"糟糕"，而恰恰是体现着她特定的优势。

对于30多年巨大而深刻的变化，年轻人可能因缺乏比较鉴别而体会不深，但成年以上的人应该有切身的体会和认知。如果你在二三十年以前上过山，下过乡，当过工人、农民，你就一定不会对已发生的翻天覆地的变化视而不见，充耳不闻。

外国人概括出一个"中国模式"，当然不只是对已有的结果，而包括了取得这些结果的方式，自然也包括制度和体制的因素。

我们自己并不肯定所谓"中国模式"，因为我们的"中国特色社会主义道路"还在进行之中，还在不断探索和改革。我们只为自己全面小康的现代化，做符合自己实际和需要的事，并不想强加给别人来效仿。不承认以上这些，那就不是实事求是，也就难以得出正确的形势判断。

诚然，我们的制度和体制远没有完善，我们要做的民族复兴的大事，远没有完成。当前的确也出现了许多不协调的问题，改革发展中积累的矛盾，正在集中凸显出来。特别是经济社会发展不均衡，收入分配不公平，贫富差距过大，民生改善不足，生态环境污染严重，腐败问题还在蔓延，社会监督机制不健全，法治社会建设不完备，等等，这些问题也都得到了不解决不行的程度。不这样认识形势，也不是实事求是，也会贻误大事。

对现实存在的这些问题，进行由此及彼，由表及里地分析，则应看到，这些问题却也不是中国所特有。研究社会经济的人士都知道，当一个国家，特别是以较快速度发展的国家，在人均国内生产总值达到3000—5000美金时，都可能会面临"中等收入陷阱"，其特点大致与我们目前面临的问题差不多。如果应对不当，就会造成社会矛盾激化、社会发展长期停滞，甚至发生动乱，并且造成社会撕裂、短期内很难弥合的困境。这类先例在东欧、南美、非洲和亚洲都可以找到，而掉入"中等收入陷阱"的国家，实行的是各种不同的体制和制度，其中不乏西方国家推行的那种民主体制，所以武断地讲，我国目前的问题，完全是现行体制造成的，并不完全复合实际。

既然是这样一种发展进程中的问题，那就要以发展来解决。防止我国掉入"中等收入陷阱"，就要改革那些阻碍发展的现行制度和方式，包括那些与之共生和相应的思想观念。但这种改革必须是有针对性的，是为了兴利除弊，而不是为改革而改革，更不是为了按别人的要求和模式而改革。必须严肃而客观地搞清楚：现行体制和政策中，哪些是阻碍国家、社会进步的弊端？哪些是符合国情，有利于繁荣、文明、幸福的保障？同时分析清楚：什么是符合中国民族文化特质，以及中华文明价值体系的东西？怎样去正确吸取被历史证明是先进的外来文化基因，以丰富和提升自己的文明更上一层楼？决不能"泼脏水把孩子也泼出去"。我们要做的是创新一个能促进我们民族复兴，又有利于其他民族生存发展，可以带动全面小康、和谐社会、和谐地球的道路。脱离了这些最基础的、带有根本性的因素，脱离了"实事求是，解放思想，团结一致向前看"，那就难免会走向不切实际的空想主义，或对国家人民有害无益，仅仅有"愤世嫉俗"的"激情"是绝对不够的。

（二）

现实存在的问题，很大程度上是社会生产力发展尚不充分，社会关系调整尚不协调配套造成的。也可以说，我国正处于完成原始积累的过程中，各种社会力量以及相互关系，对现阶段市场经济和由此而带来的一系列改变，并未完全适应，还有些"消化不良"。

任何国家，任何社会制度，都必须发展生产力。没有物质基础的支撑，什么样的社会理想、社会公正追求，都不可能实现。这是最起码的社会发展逻辑。我们总结国内外各种发展方式，选择了把计划经济转型为有调控的市场经济道路，结果是 30 多年生产力的快速发展，社会物质基础的有效积累，国家和人民的生存条件根本改观，这已是不争的事实。但是市场经济必然带来多元化，多元化必然带来不同的利益团体和不同的利益追求，社会矛盾也同时产生了结构性转变。调节社会矛盾、整合社会力量的方式，也须随之发生改变。而在这一系列根本性变化中，更为深刻、也更难于调整的是人们观念形态的改变，尤其是我们这样一个有着五千年文化积淀，又从计划体制向市场体制变革转型的 13 亿人的大国。如果说，改变经济社会运行体制，调整社会利益格局，整合社会力量，实属艰难不易，那么，调整人民的观念思想，调和社会矛盾，就更为复杂艰难。不仅要求为政者高瞻远瞩，多谋善断，殚精竭虑，小心翼翼，也要求社会全体成员积极参与，理解配合，承受变化，适应转型，否则转型的阵痛就会成为灾难，而灾难涉及的不仅仅是当政者，更会伤害到几乎所有国人。

人们说，中国社会讲求的是"人不患寡，而患不均"，"民不患贫，而患不安"。现今的中国的确出现了贫富悬殊和各种矛盾冲突引发的不安。但实际上，百姓最根本的追求还是生活富裕、安定和幸福，"贫穷不是社会主义"，那种短缺经济下的"寡"和"贫"，人民群众早已不接受，所以他们率先起来搞"承包"，抛弃"大锅饭"。我们以经济建设为中心搞改革，社会生产力才得到大发展，而市场经济正是调动各种生产要素与积极性的有力手段。经过二三十年，我们已经见到了它解决"寡"和"贫"的巨大成果，绝大多数百姓都得到了实惠。

然而，发展经济，调节社会以达到全面小康和谐社会的水平，必定要有个较长的历史过程，这个过程总是要打破旧有的平衡，实现新的平衡，因此总是会伴有"不均"与"不安"，人们常说现今世道很"浮躁"，其实这恰恰是社会变革时代的特征。

各种领域都在不断调整，各种环境条件都未成熟定型，你让人如何踏实下心来而不浮动呢？既然要改革不尽人意的过去，转型至更好的未来，就一定要经历变和动，也必定会有"不均"与"不安"的阵痛，这是没有办法的事情，问题是经过这些阵痛，我们的社会总体上是前进了，进步了，还是又回到了原形，或者还不如以前？如果是前者，这种阵痛就应当是必须承受的代价。

比如说，如果不是实行让一部分人和一部分地区先富起来，我们从哪里找到推动生产力大提高的动力和经验？又从哪里积累起社会财富？使国家有能力推动"中部崛起"和"西部大开发"，从而实现逐步均衡发展的前景？而部分地区和人群的先富，一定会产生"不均"和"不安"。应该强调的是小平同志提出这个方针时，就明确指出：让部分地区和人群先富起来是一个大局，然后带动其他地区和人群实现共同富裕又是一个大局。就是说这个方针从实施之初，就是为了实现共同富裕，目前正在这一过程之中。在最终目标达成之前，需要的是坚持改革发展，是稳定社会局面，是民众的祈盼和信心，是整体承受能力的增强，而不是动摇和轻易改变，"治大国若烹小鲜"，折腾才极度危险。

再比如，实行市场经济体制以来，我国国民经济取得了飞跃式的发展，但一般人可能并未清楚地认识到，市场经济必然有周期性波动，经济扩张与通货膨胀总是交替产生，这既不以人民的意志为转移，也反映出这种制度本身的局限性。在经济全球化的大格局下，其他经济体大的波动，往往会影响到我们的经济运行，"蝴蝶效应"是难以避免的。世界上最发达、市场经济最完善的美国，不也产生了内生性的金融和经济危机，从而拖累了全球吗？我国成功抵御这场危机，率先实现复苏，并对全球经济恢复增长做出不可替代的贡献，但我们不是也面临着通胀加剧以至百姓的生活受到影响吗？再往前说一点，这场经济危机袭来，我国就有上千万农民工回家，如果不是政府果断大手笔出击，开出四万亿刺激经济、保增长的系列措施，我国还不知道会有多少人失业，那会是我们乐见和能够承受的局面吗？

说到通胀，我们曾经经历过比现在严重得多的局面。1988年，我国通胀率高达20%，甚至出现全国性抢购风潮，社会产生动荡。我国是怎样度过来的？是政府动用一切可以运用的、经济的、行政的、法律的，甚至是政治的手段，综合治理，才基本平稳地着陆，并推动了又一轮的增长，至今保持着9%以上的发展速度。设想一下，如果我们不是用渐进的、综合的、"看得见的手"和"看不见的手"齐抓并用，我们能有今天的局面吗？如果我们没有一个强力的政府，而这个政府具有很多调控手段和很强的调控能力，我们能够度过历次的经济周期、亚洲金融风暴和本轮更大的经济危机吗？恐怕"崩溃"好几次了。

又比如，我国六十岁以上的人口已占人口总数的12.6%，被称为提前和超阶段达到社会老龄化的程度。所谓"前提"和"超阶段"，是指从全球范围比较，我国现阶段经济发展水平和社会发展阶段本不至于达到老龄化程度，然而我国却达到了，平均寿命超过 73 岁（几乎是建国时的一倍），与中等发达国家大致相当。我国又是一个自然灾害频发的国家，过去说"大灾之后必有大疫"，但我们几乎所有的大灾之后，都没有发生大疫，怎么做到的呢？如果没有社会保障和医疗卫生体系的支撑，这些是不可想象的。人们往往关注看病难，看病贵的社会问题，对医疗卫生体系改革多有责难，甚至有学者公开发表医疗改革失败的结论，却较少看到平均寿命增加、大灾无大疫和老龄化提前实现的背后，我们的社会做出了多少有效的工作，其中也反映出我们体制和制度优越的一面。我们完全不否认人民群众对看病养老这类事关切身利益诉求的正当性，也完全不否认这类意见的正确合理性，但是实事求是，一分为二地分析问题之所在，扬长避短，不断改进，才是现实可行之道。否则，如何解释上述客观存在的现象？又该如何去解决现存的问题与缺憾呢？完全否定，按发达国家的标准推倒重来，现实吗？可能吗？

现在的问题是：现实世界上有没有一种一劳永逸的"药方"可以使我们百病不侵？而这种方子既适用于发达国家，也适用于发展中国家。依笔者愚见，这种方子恐怕是现代人、无论是西方的还是东方的，都还未发现或者发明出来。看来只能是一面"兵来将挡，水来土掩"，适应不断变化的形势，做出有效的调控，继续大力发展生产力，增加原始积累，增强调节社会的基础能量，特别关注解决民生的问题，增强整个社会的承受能力；同时，另一边去改良社会运行机制，求索更为治本的办法。这种适应、调控、改良、渐进的过程，恐怕还是绕不过去也更为实际的选择。这个过程需要多少代人的努力？没人能说得清，但急功近利肯定是行不通的。而这个过程又必定是在变动之中，不会平平安安，舒舒服服，我们只能学会直面它，学会承受它，学会把它变为成功。

（三）

在实事求是原则指导下搞改革，既要求我们对现实做出真实、全面的综合分析，也要求我们对形成现实局面的历史过程做出客观全面的评价，因为现实和历史是有机联系且无法割裂的，没有过去怎么走到现在呢？正是对历史经验教训的正确总结，才得出来改革开放的正确选择，才确定了以渐进方式建设有中国特色社会主义的道路和改革、发展、稳定的大政方针。我们"摸着石头过河"，毕竟摸出了迄今为止的巨大进步。那种否定发展阶段和不同阶段需要不同方针政策，用现在存在的矛盾问题来否定已走过道路的观点，既不尊重历史，也对现实有害。

试问：上世纪八九十年代，我们不搞引进外资，两头在外，我们能有什么条件建立加工工业体系？怎么进入国际市场？又何以消化2—3亿富裕劳动力，发挥我国劳动力成本优势，成为"世界工厂"呢？而不成为"世界工厂"，我们这个经济落后的人口大国，又怎样积累自己的发展资本，完善基础设施与投资环境，形成如今较完善的、开放的现代化工业体系呢？回顾西方发达国家走过的道路，可以断定：我们根本不可能复制他们依靠工业革命和海外殖民扩张，甚至利用战争来完成原始积累的那种模式，而只能利用经济全球化的大趋势，通过国际资本和海外市场的进入，参与到世界经济结构调整的格局中，找到自己逐步积累的方式。这正是我国 30 多年改革开放所走的路子。我们今天要以内需为主来拉动经济，扭转过度依赖出口和基本建设投资的局面，是因为世界经济格局发生了变化，而我们已有了实现发展方式转变的基础与能力，但决不能说我们前二三十年搞错了。那种认为历史进程就是不断"证伪"的悲观主义论调，不是"苦口良药"，而恰恰会破坏我们国家、社会、人民的"机体免疫能力"。吃了四个馒头饱了，就说前三个馒头和菜品都不该吃，错吃了，不是很可笑也很可悲吗？

由此再说远一点，我国自上世纪七十年代末开始改革开放，不仅仅是总结我们自己过去的经验教训而得出的，也是客观的国际环境允许的。那时，我国已恢复了联合国席位，成为五个常任理事国之一。我国已和美国实现了外交关系正常化，并由此一年时间与日本、西欧二十几个国家建立了外交关系，使我国从被封锁、禁运、隔离的状况，变成了世界上的"正常国家"。这样我们才有可能实行开放和改革，才有可能从发达国家引进资本、技术和市场，才有可能参与世界经济全球化的进程，才有可能取得经济长达 30 多年的快速增长与社会进步。如果没有了我国国际环境的彻底改变，今天的一切就都无法实现。而这一重要的基础前提，客观地说，是在"文化大革命"后期，在毛泽东的"三个世界"理论和灵活巧妙的外交路线指导下争取到的，时至今日，"三个世界"的理论，仍然在流行。笔者完全没有替"文化大革命"说好话的意思，那场全局性灾难早有定论。但我们要实事求是地对待历史与现实，客观地看待国际与国内问题的关联，又不能不承认上述的事实。

有人说建国后 30 年，我国实行闭关锁国政策，关起门来搞内斗，是误国误民。后 30 年改革开放，才算说得过去。但他们忘记了，或者故意不提以美国为首的西方阵营，对我国实行了长达 20 多年的封锁、禁运和制裁，忘记或故意不提有一个针对我国的、与"北约"类同的"东南亚条约组织"，有一个由日本、南朝鲜、台湾、菲律宾、南越、泰国、巴基斯坦美国军事基地组成的"新月型包围圈"。不是我们不开放，是人家不让你开放。对此有兴趣的人不妨看看美国人写的《毛泽东的胜利与美国外交官的悲剧》这本书。还可以认真想想：为什么我们不早一些收回香港？既然建国时我们就宣布不承认以前的任何不平等条约，而依靠当时的力量，一举收回香港是"分分钟"的事情，但我们却故意保留了那么一个与外界交往的窗口？为什么在举国上下都十分困难的条件下，一定要搞出自己的"两弹一星"？它对于国家的生存具有何等重要的战略意义？如果没有它们，共和国能走到今天吗？这期间，我国还不得不与第一军事强国的美国，打了朝鲜和越南的两场战争，而且都胜利了。在那种国际形势下，一穷二白、百废待兴的新生共和国，硬是基本上靠自己的力量顽强而尊严地生存下来。50代初，美国和西方国家坚定地认为：中国共产党根本养活不了几亿中国人，但我们做到了。这一切是多么的不易，又多么值得自豪！作为正直的中国人，不了解过去的情况可以谅解，但不尊重历史，不尊重自己的国家，则应该被打屁股。

同时，今天的国人，仍然不能忽略当前的国际环境。或许可以说，我们较为成功地利用了人类社会经济发展的一些有效的办法（如市场经济），较为成功地利用了西方制定游戏规则并主导的经济全球化形势（如WTO），快速提升了自己的经济实力，实现着大国的崛起，被视为动了人家的奶酪，是一种"威胁"，因此倍加防范；或许可以说，我们没有按照西方指定和推行的价值观与模式，而是搞了一套"中国特色社会主义"的路子，居然还成功了，被视为另类的又一种"威胁"，需要加以扼制。事实上以美国为首的西方盟国，一直对我国实行"接触＋扼制"的策略，这不是什么秘密与猜测，是别人公开的宣示。因而我们面临的国际环境并不总是有利的，实际情况要复杂的多。需要我们从长计议，纵横捭阖，千方百计，韬光养晦，有时甚至"委曲求全"，在保障国家民族安全生存的基础上，求得持续的发展。千万不要以为，只要我们关起门来一心做自己的事，就可以"安然无恙，万事胜意"。更不要以为我们已是超级大国，可以随心所欲。脱离了外部环境的考量，单纯就内政谈内政，也是不符合实事求是原则的。不要忽略国家是国际社会存在的基本形态，政府管理和代表着国家。她不仅要对内，同时要对外，而内政与外交互为关联，必须统筹、协调。真正关心国家命运、人民幸福的人，不关注外部世界的影响，不仅是幼稚的，也一定会失之偏颇。

（四）

坚持实事求是，就一定离不开国情。我们中国位于欧亚大陆东南一隅，在 960 万平方公里土地上，生活着有 5000 年文明传承的 13 亿人民，这就是最基本的国情。许多人，特别是西方人士一听到这些，就嗤之为"陈词滥调"，殊不知，这些"陈词"，却绝非"滥调"。960 万 ,5000 年 ,13 亿，这不仅是三个数字，里面包含了许许多多实际内容，离开这些内容谈中国，谈中国的现实与未来，那才是不着调呢。而这些内容，恰恰就是解决中国问题躲不开、绕不过的基础。

比如，我们的国土面积不小，但四分之三是山地和丘陵，可耕地不足 20 亿亩。改革开放前，几乎 85% 的人在农村从事农业劳动，这就注定农业、农村、农民是我国最基本的问题。30 多年的工业化与城镇化，大大改变了原来的结构和布局，但至今仍有 7 亿多农业人口。我们能够像美国那样只用 2% 的人从事农业，不只提供他们三亿人的吃饭，还大量出口农畜产品吗？这仅仅是产业结构和生产技术的问题吗？如果不然，那就决定了我国只能根据自己的实际，用完全不同的办法去解决"三农"问题，也决定了我国经济结构和发展模式，无法和发达国家完全"接轨"，而只能走自己的小康之路。同时，也决定了我们的生活方式与西方国家不可能类同。

又比如：我国这13亿人口还是在计划生育政策实行了20多年的情况下累积达到的，若不是计划生育，现在应该有16亿人了，那会是一种什么局面？计划生育政策曾被西方人士诟病得一塌糊涂，我们如果按自由、民主、人权、个人利益那一套"普世价值"衡量，根本就不该搞什么计划生育。可是，如果没有人口控制，我们的国家和人民又该怎么生存和生活呢？二十多年前，笔者曾对一个美国商务代表团调侃："你们美国拜上帝恩赐，国土面积与中国差不多，可是自然条件要好得多。设想，把中国的2亿人口移到美国，你们承载4亿多人（当时美国有2亿多人），我们还有9亿多人（当时我国是11亿人），咱们比比谁能搞得更好？"他们大惊失色，说"绝对不可能"。实际上，30多年前，西方就大叫"黄祸"的威胁了。

再说到历时5000年的文化，四大古老文明一直传承至今的只有中华这一家，这种世界上独一无二的历史现象，一定有她的道理，绝对不会是偶然的。这也就决定了中国的特质。我们不说历史上曾有元朝和清朝，他们都没有能改变中华的文化，而是被同化了。就是说近现代，"五四运动"自下而上地要打倒"孔家店"，请进"德先生"和"赛先生"，造就新文化，结果并没能完全实现；"文化大革命"中，毛泽东主席以其巨大的权威，掀起了一场自上而下的全民"扫四旧"运动，仍然没有从根本上改变中国传统文化体系。我们甚至可以说，改革开放的当今，在广泛深入学习和应用外国先进经验的同时，中华传统文化在新的历史条件下，反而有了某种程度新的传承和发扬，对于这种历史演进，不管人们（包括西方的和东方的，国人和外人）对此是褒扬，是贬损，是悲怨，是羡慕，是批判，是认同，它都是摆在世人面前一个凿凿实实的客观存在。

美国哈佛大学的亨廷顿教授，写了一本《文明的冲突》，对世界影响颇巨。我们由此以及许多外国学者的论述中能够观察到：西方的有识之士，对文明和文化影响力的重视，可能比我们许多人（包括知识界人士）要强烈得多。一些人对西方文化推崇备至，却看不清中华文化也有顽强生命力和巨大影响力；认为中国未经"启蒙运动"，需要"补课"，而看不到中华文化中普遍、深邃的人文主义和世俗精神，包含着朴素且一贯的人道主义内涵；也没有清楚地认识到中华文化体系的多元开放性，以及这些内涵对我们今天民族复兴的深刻意义。当然也就不会去认同中华文明对未来世界，也具有深远的影响力。

笔者想说的是：世界越向前发展，文化的作用和影响力也会越大。世界越来越多元化，我们的社会也越来越多元化，各种文化的流行、碰撞、融合、创新也必然成为趋势。在这种趋势下，任何体制、机制的改革，都不能忽略文化这一基本要素，任何改革设想和方案，若不深切关联文化的基础，就会像沙滩上盖大楼，注定不会成功。

从重视文化影响力的角度出发，笔者认为，与其惊叹、担忧东西方文化的碰撞和冲击，还不如更注重各种文化的相互尊重与融合。在新时代构建我们的核心价值体系中，既继承和弘扬我们中华文化中精华的传统，又吸收和借鉴其他文明中（当然包括西方文化）被历史证明对人类社会发展有益的内容，同时，认认真真地发挥以为人民服务为宗旨的共产党文化精神。如果说最好的创新是综合，那么，我们能够把这三种文化综合融汇而形成新的文明体系，则必将为我们中华民族伟大复兴的事业奠定恒久坚实的基础，也必定对世界做出更厚重的新贡献。

本轮世界性金融经济危机已经反映出西方文明体系并不完备，那么，为什么我们中国就不能创新出一种新的模式，以促使自己和人类社会更好地发展呢？

总之，基本国情中这三个数字不是量的概念，而是质的问题。把他们具体细化，再加以不同的排列组合，会派生出许许多多、实实在在的问题。说它是财富也好，说它是障碍也罢，说它是资源也好，说它是负累也罢，反正不能不直面它，这些都是我们国家进一步发展绕不过去的内容。既然如此，就让我们以实事求是的精神，和全体人民一道，一个一个地去解决吧。多一点思考，多一些求索，多做些实事，多有些包容。借用一句流行的话："我们能行。"

2011 年 6 月

另说普世价值

在我国经 30 多年改革开放，经济建设取得巨大成就，综合国力空前增强，人民生活水平普遍得到提高，并正在经历社会深刻变革的关键时刻，思想界、知识界出现了激烈的争论，一个重要的争论内容是以"普世价值"为导向，构建"现代性社会"，还是坚持"中国模式"，走一条自己的发展道路。

兹事体大，它不仅关系到中国发展的未来，即百多年来中国知识分子、仁人志士一直讨论的"中国向何处去"，同时，也直接影响到当今发展阶段的路径和制度选择以及方针、政策的设定与实施。这个问题恐怕不是短时期内能够"说清楚，搞明白"的。而是需要执政党内和全体人民的多数取得共识，不断探索、实验、修正，经过若干阶段的积累，才可能逐渐解决的。但有一点可以肯定：我们已经有了多元化的环境，各种不同的思想、观点以及它们之间的争论，都已经被承认为正常的、有意义的现象，这本身就是很大的进步。

笔者没有能力参与这么宏大问题的讨论，只是想对由此而联想到的一些问题敲敲边鼓。反正也只是一家之言而已，故谓之"另说"。

（一）

以普世价值构建现代性社会的观点，定义说：主要标志是以"启蒙价值"，即自由、理性、个人权利为价值支撑，以市场经济、民主政治、法治社会为制度框架的民族国家。也就是说，以上诸条因为是普世的价值，所以，只有实行它才能摆脱传统社会，达成现代性社会。

这里出现一个问题：既然是普世的价值，那么它适不适用于国家与国家之间的关系？如果说国与国之间是国际社会、国际政治的问题，不属于现代性社会要研究的范畴，那么所谓普世性就值得推敲了；如果这些价值观念是人类社会发展得出的，被历史证明是有普遍进步意义的标准，那么就应该适用于所有人类，包括国家之间的关系。（说白一些，国与国的关系，不就是这一大群人与另一大群人的关系吗？）然而，现实世界中，上述标志中几乎没有哪一条得到了普遍的尊重。在经济全球化条件下，国际社会的多元化，国际经济利益的均衡化，国际政治的民主化，国家关系的平等化、法治化等等，都还远没有眉目。如果是在现有国际秩序的格局下，只是在民族国家内部去推行"普世价值"，那么，已有的实践表明：对后发国家而言，还真不知是福是祸。比如，据美国胡佛研究所的拉里·戴蒙德统计：陷入民主困境的国家超过 50 个。

（二）

持普世价值观的人明确指出，它是发端于 17 世纪欧洲的启蒙运动，经几百年的认识和实践演化而成的。也肯定了由于不同的国家具有各自的文化、历史特征，其初始条件、内生状况、外部约束不同，后发国家不可能重复先驱国家走过的路，只能另辟蹊径。

应该不是巧合，尊崇及力推普世价值观的基本上都是发达国家，它们都已完成了原始积累，建立起了稳固的经济基础。而它们的原始积累过程，又总是和海外殖民扩张分不开，包括侵略、战争、殖民地掠夺。这些国家之所以有能力进行殖民地扩张，显然是第一次工业革命推动的结果，而工业革命的产生又是以启蒙运动造成新兴资产阶级快速兴起为动因。那么，后发国家应该如何完成它们的原始积累呢？一个没有相对稳定经济基础的国家，又该如何完整地践行那些普世的价值呢？

由此，笔者想到美国学者巴林顿·摩尔早在1966年发表的《民主与专制的社会起源》一书，它被西方学者盛赞为"二十世纪社会科学三大名著之一，是对人类社会和历史所进行的重大探索"。作者依据大量历史事实揭示出：西方民主只是特定历史环境中结出的果实。通向现代社会的历史道路和与之相适应的政体是形形色色的。他还从农民问题着眼，对世界各国现代化进程加以横向比较，得出了俄国和中国的社会主义革命绝不是历史偶然事件的观察性结论。虽然时间已过去了40多年，但这本书还是值得参考的。

（三）

人们认为，"普世价值"缘于欧洲的启蒙运动。而启蒙运动是受到"文艺复兴"带动的，发端于 14—16 世纪的意大利文艺复兴运动，"关心的是人活着时现实的世界，而不是人死后的世界"；认为"人是他或她自身命运的塑造者，而不是超自然力量的玩物。人们不再需要关注超自然的力量，相反，生活的目的是为了发展自己本身的潜能"。（斯塔夫里阿诺斯《全球通史》）针对欧洲长达千年的"中世纪"，文艺复兴被认为是"人的发现"，表现出前所未有的世俗主义和人文主义精神。如果说，这种世俗主义和人文主义是人对神的叛离，是人开始摆脱鬼神束缚的精神解放，因而对后来的启蒙运动有积极的历史推动意义，使人类从"蒙昧"走向"文明"的话，那么，这种世俗主义和人文主义早在文艺复兴运动前二千年就在遥远的东方（中国）"闪亮登场"，并开始大行其道了。以孔孟为代表的儒家思想就是实实在在的人文主义思想，也体现了人道主义精神。笔者以为，正是这种人文主义精神，才使得中国文化得以绵延几千年，而且时至今天，仍然影响着中国和许多东方民族，乃至世界。

中国历史上没有经过欧洲那种长达千年的"黑暗中世纪"，因此她从"蒙昧"走向"文明"的路径自然就完全不同。笔者想说的是，中国传统文化曾经对中国走向现代化有消极影响，这是一回事；但它充满人文精神的一些思想精粹，对人类文明进步大有积极作用，又是一回事。比如，人是自然的一分子，把人和自然平等对待的"天人合一"的思想理念，在今天全球环境恶化的境况下，是不是很有价值？再比如，"仁爱"、"仁恕"、"和谐"的思想理念是不是全人类都应该共同遵循的？为什么联合国大厦里要镌刻"己所不欲，勿施于人"的格言，这类思想价值是不是也应该是普世的？对于历史久远，有自己深厚文化底蕴的民族国家，要求她完全按照西方发展产生的价值理念来做彻底的改造，这恐怕需要的不是改良，而是推倒重来式的革命，这现实吗？

（四）

以普世价值为核心的现代性社会的提出，当然不是像圣·西门、傅立叶和欧文们那种空想社会主义者的设计，而是依据西方主流国家的实践和总结，也就是说，有现成的实际模型。应当承认，西方国家现在的社会运行和管理都成熟而稳定，人文环境优越，社会秩序良好，人民生活水平很高，是一种好的现代化文明，或者说，已经基本达成了现代性社会。我们且不去说这种文明建立的过程，后发国家是否可以拷贝，也不说这种现代性国家还必须依靠经济全球化的支撑。就说当前的现实，美国应该是现代性社会的代表，被标榜为"自由世界的领袖"，是市场经济、民主政治和法制社会的典型。但是，当前这场影响全球的金融和经济危机，正是这个超级现代性的国家从内部引发进而拖累全球的。不管学者专家们认为危机是周期性的还是结构性的，至少没人敢说，这种价值和制度已经达到了理想的，甚至是终极的境界。现在奥巴马政府要变革，欧盟及其成员国也在变革。日本如不做大的变革，很难重振雄风。中国和所有发展中国家更需要改革。在当今世界发展的这个阶段，能否找到一个所有民族国家都适用，并且都能被一致接受的价值系统、制度框架和治理模式，恐怕是一个远未解决的世界性难题。

（五）

　　讲普世价值的现代性社会，必然涉及政治体制和政府职能。不少人认为，中国市场已发育到一定阶段，应该由主导经济发展的强力政府转变为"干预市场"，以提供公共产品和服务为中心的服务型政府，才能实现可持续发展。

　　从另一角度看，我国自"十四大"正式提出建立市场经济体系并坚持实施，至今不过 20 年，虽然经济总量已很庞大，但人均 GDP 不过 3600 美元，正是面临"中等收入陷阱"的时期，快速发展中积累的矛盾正在集中爆发。而导致中国可能掉入这个陷阱的原因，包括经济的、社会的、政治的和国际的诸多方面，以及它们之间的相互交织和影响，这是一个相当艰难复杂的"泥潭期"。

　　这种艰难时期并非中国所独有。一般地，当一个国家的人均 GDP 达到 3000 美元左右，进入中等收入行列，都会面临同样的问题。而陷入"中等收入陷阱"的国家，其体制、文化形态又有多种，故而很难武断地讲：中国目前面临的问题仅仅是体制造成的。

如何迈过"泥潭期"，避免掉入"中等收入陷阱"，人们会开出不同的方子。按照普世价值和现代性要求，实行更为彻底的改革，特别是政治体制改革，这是一种方子；按照"五个统筹"，以渐进的方式来应对挑战，也是一个方子。那么，在当下这种现实而特殊的时期，是有一个较为强力的政府，在基本稳定的条件下，相对集中力量和资源，组织起来克服一个一个难题好呢？还是来个大动作，撒开来改造社会结构，改变现行体制，政府只做"服务"，让社会力量去自行调节，比如类似"休克疗法"好呢？从中国的现实情况看，能经得起这种折腾吗？即使长痛不如短痛，那最终结果是可以预期和控制得了的吗？

事实上，政府的主要职能是管理国家和整合社会，既要对内，也要对外。中国现行的经济体制和政治体制，尽管都不甚完备（从上到下没有人说不需要进一步改革），但它却恰恰保证了 30 年改革开放和快速发展。试想，如果不是一个强力的政府组织，在保持基本稳定的条件下，集中各种社会力量和资源于经济改革与发展，我国能取得连续 30 年平均年增长 9% 的速度吗？如果不是一个有很强调控能力的政府在各种经济周期变换，以及外国经济、金融危机的冲击下，能够大致平稳度过吗？本轮殃及全球的金融、经济危机中，我国不仅经受住了考验，率先实现复苏，而且对世界经济起到一定的引擎拉动作用，使中国的表现不但超过一般的市场经济国家，包括发达国家，而且也优于同我们一样具备劳动力成本优势和自然资源优势的其他发展中国家。这里面难道就没有现行体制适用和优势作用的一面吗？

目前，我国远未完备的市场体系，经常见到的行政干预一直是西方经济学家嘲讽的内容，包括政治体制，更是西方国家攻击的对象。但事物总有两面性，可不可以认为，正是由于市场体系的不完备，我们才一方面重视市场对要素资源的配置作用，另一方面一定程度地保持政府对资源配置的调节（有时是通过国有企业）。这种"双配置"使我们多了一个能够熨平周期性波动，保障持续增长的手段；同时，也正是因为政府很强的调控力，才使我们有可能以较大力度的财政、货币政策来刺激、引导经济。

可不可以认为：在成熟而发达的市场体系下，整合各种生产要素成为生产力，是企业家的使命。而在中国，市场体系尚未成熟，企业家队伍更是处于培养成长的过程之中。此种形势下，除了企业家外，地方政府和官员也热衷于这种整合，其实是多了一个引擎，这种"双引擎"的体制至少在现阶段还是利大于弊的。

当然，这种"双配置"、"双引擎"、"半市场"、"半开放"（如金融体系）的状况始终夹杂着不少问题，还会使问题不断积累而被认为积重难返。但是，能给整个经济的安全运行再赢得一段时间，让我国的原始积累再多一些（比如人均 GDP 超过 8000 美元），家底再厚一些，更多加大转移支付力度，调整分配制度，突出民生和社会保障，实现均衡发展等方面，再着力并坚持走一段，是否更符合目前中国的实际？

新加坡学者宋鲁郑在进行"比较政治"的研究后，于《联合早报》著文说：中国真正与众不同的特色是有效的政治制度，这才是中国实现经济成功，创造出"中国模式"的全新现代化之路的真正原因，并指出："中国的改革开放是前无古人的创造，最终会形成什么模式，现在很难下定论。正如美国科学史家、科学哲学家托马斯·库恩所说的'你是无法用旧模式中的词汇来理解一个新模式的'。中国显然正在开创一条人类社会发展的新道路。"这样的观察是否也是一种值得参考的认识？

最好的创造是综合，"矫枉"为什么一定要"过正"呢？

说真的，中庸是个好东西。

2010 年 8 月

西方价值观析

改革开放 30 多年，中国发生了巨大变化，对自身以及世界都产生了极为深远的影响。与此同时，我们所处的国际环境也发生着深刻的变化，特别是以美国为首的西方国家对中国的崛起抱有很大偏见，因而在对待中国的问题上普遍地采用"接触＋扼制"的政策。其实，接触是不得已，因为它没办法无视强大起来的中国的存在，而且还有巨大的经济利益；而扼制则出于其本能，它不愿意接受中国这个"另类模式"成功的事实。

西方国家的扼制策略中，一个突出特点是以"价值观"为武器，开展所谓"价值观外交"：建立中国周边"同价值观"国家之间的联盟以围堵中国。攻击中国政治改革滞后，实行一党专政制度，在民主和人权问题上不断发难，在台湾、西藏、新疆等问题上大做文章，分裂中国等等。我们可以举出许多事例，这些事件与"中国崩溃论"、"中国威胁论"一样，都不是孤立的，而是相互关联、互相呼应的。有人不赞成"阴谋论"的说法，我们也可以不提"阴谋"，但是"扼制"的意图却是明显存在的，恐怕不应该把问题看简单了。

在所谓的价值观攻势之中，西方把自己置于道德制高点上，以为自己在所谓人类普世的理念方面，比如自由、民主、人权等领域站在正义一边，完全可以居高临下地指责和教导别人；而中国和广大发展中国家则仍然处于落后、愚昧、专制的历史阶段，应当而且必须听从和服从西方"教诲"，否则就该受到他们的批判、制裁，甚至被消灭，我们对此必须要有清醒的认识。

西方现在所宣扬的价值观，果然是普世的道理、人类的方向、道德的制高点吗？西方实行的社会模式，真的就是拯救世界上所有国家和民族的唯一形式吗？中国以及所有发展中国家真的是在道义上理亏而处于下风吗？在这场道德、道义之战中，我们真的挺不起腰杆，只能俯首称臣吗？所有这些问题，我们必须做出理性的思考，从理论和实践上做出明确的回答，不能在战略和战术上处于被动地位。

让我们来做一些分析和思考。其实，西方世界也有不少人在反思这类问题。笔者想多引用一些他们的议论和观点，以增加一些视角来加以阐述。

（一）

所谓价值观，与我们常讲的世界观、人生观都属于文化范畴。什么是文化？美国当代著名历史学家斯塔夫里阿诺斯在《全球通史》中有这样的叙述："人类，且只有人类，能够创造一个自己想要的环境——这一人化的环境被称为文化，因为只有人类能够从现实生活观察到或抽象出概念和事件"，"由于人类具备独特的、彻底变革环境的能力，所以人类不用经过生理上的突变便能很好地应对周围的环境——所有这些，通过人类创造的文化，也就是经过非生物学的途径，都能得到解决。具体地说，人类文化包括工具、衣服、装饰品、制度、语言、艺术形式、宗教信仰和习俗。所有这一切使人类能适应自然环境和人类相互间的关系。"也就是说，人类文化是通过人类漫长的现实生活，适应及改造环境（包括与自然界和人类相互之间关系两大方面）而逐步积累产生出来的。

广义地理解，文化是指人类社会历史实践过程中所创造的物质财富和精神财富的总和。而狭义地理解，就是指社会的意识形态，以及与之相适应的制度和组织机构。文化是一种历史现象，每一种社会都有与之相适应的文化，并随着社会物质生产的发展而发展。文化是上层建筑，是以经济为基础的，作为一定社会政治、经济的反映，又能反作用于社会的政治和经济。因此，在人类历史发展过程中，文化是具有阶级性、多元性（民族性和地域性）、阶段性和连续性的。

在人类历史发展过程中，不同地域不同环境的人类曾经创造出许许多多不同的文化，而每一种文化都有它产生发展的客观基础。各种文化的并存和相互影响，形成人类世界丰富多彩、灿烂辉煌的文明。欧美为代表的西方社会总是把自己的文化当作世界的主流文化，从来多贬低、排斥其他民族的其他文化。然而，正如斯塔夫里阿诺斯在"致读者"中提到："我们渐渐不情愿地认识到，在今天这个世界上，传统的以西方为导向的历史观已不合时宜，且具有误导性。为了理解变化了的情况，我们需要一个新的全球视角。"其实，我们已经看到，正是由于西方在工业革命后推行社会达尔文主义，以及弱肉强食的掠夺性政策，建立起以西方为宗主国的遍布全球的殖民地，才强行树立了西方主导的世界秩序及所谓的"主流文化"。也正是由于这种对抗性的霸权主义文化，才导致了两次世界大战，千百万人生灵涂炭。同时，也正是由于他们推行这种侵略性文化的"不合时宜"，才激起了广大殖民地的民族解放运动，创造出新的世界格局。我们可以说，当今世界的多元化，从某种意义而言，正是摆脱西方文化主导才形成的。而仍然把西方文化中的价值观强行推广到世界各地，又是怎样地"不合时宜"，美国及其盟友发动的伊拉克战争已经很说明问题。

我们当然不会像西方一些政治家和学者贬低、排斥其他文化那样去一概排斥西方文化。西方国家在文艺复兴运动催生工业革命，兴起资本主义的整个发展过程中，的确产生、积累了许多先进的文化因素和文化内容，包括工业革命、新技术革命，推动生产力的大发展，自由、平等、人权、法治和民主的理念，以及相应的治理制度等。但我们也应当看到，这些先进的好的东西很多是在掠夺、压迫别人的基础上发展起来的，很多基本条件是广大发展中国家无法拷贝的。他们发展的基础与后发展国家的基础有着极大的不同，因此，他们在这种发展基础和条件下经过不断调整和修正而形成的文化，也不是其他基础上发展的国家和民族所普遍适用的，更不是拿来就能良好运用，而只能根据自己的实际加以借鉴、改造和利用。

其实，人类社会发展到今天，已经呈现出不止一种的发展模式，那种认为西方的发展模式、资本主义和西方民主，是进入现代工业社会的唯一通道和最终归宿的所谓西方正统理论，已经受到了挑战，这种挑战不仅来自许多发展中国家的实践，而且也来自西方一些治学严谨的专家学者的重新审视。关于前者，中国的崛起就是一个极好的例证。而关于后者，已经出现了大量的论著。美国学者巴林顿·摩尔早在上世纪 70 年代就发表了《民主和专制的社会起源》，在这部被西方学者盛赞为"对人类社会和历史所进行的重大探索"的二十世纪社会科学三大名著之一中，摩尔依据大量历史事实雄辩地揭示出：西方民主只是特定历史环境中结出的果实，通向现代社会的历史道路和与之相适应的政体形态是形形色色的。他还从农民问题着眼，在对世界各国现代化进程加以横向比较的基础上，得出了俄国和中国的社会主义革命绝不是历史偶然事件的观察性结论。

西方国家现在的社会运行和管理成熟而稳定，人文环境优越，社会秩序良好，人民生活水平很高，是一种现代化的文明，不能不承认这是工业革命和技术革命以及相应文化作用的结果。但是，毋庸置疑，作为上层建筑的这种文化，又是建立在发达的商品经济基础之上，在完成了财富的原始积累的前提条件下实现的。作为发展中国家，如何去实现原始积累，建立起现代化的经济基础呢？显然，它不可能完全重复西方国家所走过的道路，历史已经没有给这广大的发展中国家和民族以那样的机遇和条件，他们只能在人类已经创造的经验和现实条件下，探索新的发展模式——这正是当今世界许许多多国家和人民正在进行的事业。而且，我们还可以肯定地说，地球上60亿人，不可能都以美国和西欧发达国家的那种生活方式去享受"自由世界"的富裕生活，因为人类所赖以生存的这个星球，没有那么多资源可以供人类随意消费，人类所处的自然环境也没有能力去承载如此巨大的压力。倒是中国人民为之奋斗的全面小康社会，才是更具理性和现实性的道路。但是，中国在经济全球化浪潮下，利用参与西方主导制定游戏规则的 WTO，快速发展自己的经济基础，人均 GDP 才 3000 多美元，仅仅是美国的 1/14，欧盟的 1/10 的情况下，就已经闹得沸沸扬扬，西方世界反对之声四起。由此我们可以清楚地看到，以美国为首的西方国家，并不真诚希望发展中国家人民过起好一些的日子。我们可以问一个简单的问题：既然一个美国中产阶级人士一年的生活费用可以养活 1000 个贫困的非洲人，为什么他们不能自己节约一些而多多援助贫穷国家的人民首先过上好一点的日子？既然发展中国家还没有建立起一定的经济基础，为什么非要人家建立西方价值观为指导的上层建筑？

说到底，西方所推行的任何政策，都是为他们的利益服务的，推行他们的价值观，也是为此目的服务的。只有先实行他们那种民主、人权制度，才给你一定的援助和贷款，而这过程中，他们继续成为你的债权国，控制着你的权力。如果不这样做，不仅不会借钱帮助你，还要制裁你，才不管那里的人民生活如何，更不管那些经济落后的国家之所以治理困难，人民贫穷，甚至内乱不断，原本都是西方殖民主义统治的结果。这时候他们为什么不讲人权？不讲道德正义？美国已是世界上最强大最富裕的超级大国，他们的利益遍布世界各个角落。你那里的一举一动，他们都要考虑是否会影响美国的利益，而从来不首先考虑人家自身的利益。为此，美国还在世界上几十个国家建有军事基地，派驻军队，在各个角落保护美国的利益，监视着别人"不能越轨"，还冠冕堂皇地宣称，他们是在维护国际秩序。而这种秩序并没有真正解决发展中国家的利益，并没有能让世界上占多数人的生活过得好起来。

在《全球通史》中，斯塔夫里阿诺斯有这样的描述："第二次工业革命的世界影响在很大程度上是'破坏性'的，导致了第三世界经济的恶化以及富国和穷国差距的惊人扩大——据世界银行统计，1950年工业化国家的人均收入是欠发达国家的10倍，到1965年时这一比例转变为15：1；而到20世纪末，预计这一比例还有可能达到30：1。"

同时，"社会不公正的问题也日趋严重——据联合国1994年的《人权发展报告》披露，在过去的50年中，世界收入增加了7倍，人均收入增长了3倍。但是无论在国内还是在国际社会，大量收入的分配都是不公正的：在1960年至1991年间，占世界人口20%的最富有的人拥有财富的比例从70%增加到85%，而20%最穷的人拥有财富的比例则从2.3%下降到1.4%。"这样的现实，正是在西方为主导的国际秩序下发生的，也是他们的推行"主流文化"和价值观的历史阶段中发生的。同时，中国正是由于没有"遵循"他们的"教导"和指挥，而是走了一条"有中国特色的社会主义道路"，才取得了今天的成就。这就不难看出，西方主流的价值观并不都是普世的、唯一的，而往往是"不合时宜"的。笔者记得欧洲一位大学问家在总结上一个千年历史时，曾经说过一段精辟的话，大意是：人类社会发明了商业活动，极大地促进了物质生产，极大地提高了人类的生活水平；同时，也极大地破坏了人类的道德体系。这样说来，西方的文化价值观并不都是正面的，当然也绝非站在了道德的制高点上。

（二）

西方推行的价值观中，最核心的是"民主"。《美国国家安全战略报告》称："美国的政策是在每一个国家和文化中寻求并支持民主运动和民主制度。"他们认为，只有把别的国家都变"民主"了，美国才能真正安全。很明确，在世界范围推行民主，根本还是为了他们自身利益。这暂且不论，先来看看民主到底是什么？

民主的原意是多数人的统治。马克思主义认为，民主属于上层建筑，属于政治文化范畴，是为经济基础服务的。民主是相对的，不是绝对的，是具体的，不是抽象的，它有其发生、发展的历史过程和相应的阶级内容。不妨简要回顾一下民主的轨迹：

在远古的印度乡村，村民们推举辈分高、年龄大的人主持大家议论村中的大事，叫做"五老会"，这可能是最早的基层民主形式。古希腊创立的民主可以说是西方民主最早的起源，那里规模不大的城邦中，有自由民、奴隶、外邦人，有各种利益团体，如何治理城邦？男性自由民们便组织起来一年选一次执政官，另外还有元老院和公民大会的形式，一起参政议政。但是，女性和占城邦人口一半以上的奴隶以及没有市民资格的人是没有选举权的。可见民主从一开始就属于统治阶级内部。这种民主传统虽然在古罗马有所传承，但后来被帝制所取代。之后的中世纪，罗马帝国是君权神授，基督教会的势力至上，也就没有什么民主可言了。十三四世纪，意大利文艺复兴，用"人"来挑战"神"，用"人道"、"民主"来反抗教皇的反动统治。起码到十七八世纪，随着资本主义的兴起，一批像伏尔泰、卢梭为代表的思想家，明确地提出以"民主"来反抗封建王权，主张"社会契约论"，由此，促进了资本主义的大发展和新政治体制的建立。可见，"民主"仍是属于资本主义制度下占统治地位的资产阶级。

　　纵观历史，西方资本主义国家的民主道路其发展也并不平坦。英国是最早的"君主立宪"国家，其议会民主政体有300年历史，但英国人能享有普遍的选举权至今也只有80多年。法国自1789年大革命后，也经历了君主立宪、民主共和、雅各宾专政、寡头政务委员会、拿破仑称帝、君主复辟以及重归共和的残酷斗争岁月。美国从华盛顿领导独立战争，颁布沿用至今的宪法以后几十年，都没能废除黑奴制，到林肯总统打赢南北战争才解放了黑奴。而美国的妇女及黑人拥有选举权，则更是很久以后的事情了，而且直到上世纪 60 年代，以马丁·路德·金为代表的进步人士还在为黑人的权利作斗争。所以说，民主的实行，特别是建立比较成熟的民主体制是一个反复的历史过程，绝不可能一蹴而就。

民主，就意味着人民当家做主。人民最需要什么？当然是需要大家都过上好日子。怎样才能过上好日子？当然是首先要有一个和平、发展的好环境。正因为如此，当今世界的主流叫做和平与发展，而非民主。民主是一种机制，它本身不是目的，只是一种手段，一种决策程序，一种政治形式，而不是终极价值。看看西方自由主义理论大师哈耶克的忠告，他在《通往奴役之路》中说到："我们无意创造一种民主拜物教。我们这一代可能过多地谈论和考虑民主，而没有足够地重视民主所要服务的价值。"再回过来看看，西方在许多发展中国家推行民主的结果——并没有给那里的人民带来和平、繁荣和幸福。由此可以一目了然：西方的政客们不是民主拜物教者，就是别有用心！其他国家里不成功的民主而造就的混乱局面，也许正是他们维持霸权和自身狭隘利益的价值体现。

再来看看另一位美国著名教授弗朗西斯·福山近年的言论："（人们）最初的、普遍的东西并不是渴望自由民主，而是渴望生活在一个现代化的社会，即技术上先进和繁荣的社会，这个社会如果令人满意，就倾向于推动人们参与政治的要求。自由民主是这一现代化过程中的副产品，是某种只有在历史进程中才成为人们普遍渴望的东西。"这就是说，民主不是目的，它自有发生、发展的过程，而且它实现的形式和手段也是多种多样的。人类社会仍在发展演进之中，无论全世界的民主还是一个国家内部的民主，也都还在发展、完善的过程中。谁要说他的民主是终极形式，那一定是胡说。

人们都说民主是个好东西，但我们今天客观地说：只有好民主才是好东西。道理很简单，被哈耶克严格界定为一种决策程序，一种手段的民主本身，像一切事物一样，有一利必有一弊，它不可能是完美无缺和绝对理想的东西。在民主起源的古希腊，伟大的思想家、哲学家苏格拉底就是被那种民主制度以"腐蚀青年罪"判处了死刑，而他的学生柏拉图则认为这是"暴民政治"。柏拉图认为：人的智力、品行和能力是有差异的，而民主制度否认这些差异，所有公民不分良莠，而行使同样的政治权力，就会导致如此结果。他提出的一个问题，今天的人们仍值得思考：如果你病了，你是召集民众为你治病呢，还是去找医术高明的医生呢？那么，治理一个国家，其责任和难度要比医生大得多，你该找谁呢？

西方现在推行的"民主"，最主要的内容是一人一票的选举，好像只有这种"程序民主"才是真正的民主。然而，希特勒的纳粹党正是采取了民粹主义的手法，在这种一人一票的选举中，成为德国议会的第一大党，很快就推行法西斯主义，发动了第二次世界大战，不仅使世界上几千万生灵涂炭，而且差一点毁掉了整个的西方文明，包括民主政治本身。美国胡佛研究所高级研究员拉里·戴蒙德撰文说：近年来，"民主俱乐部的大多数新成员以及某些老成员都表现糟糕，就连许多被视为成功案例的国家，也存在严峻的治理问题和深深的不满情绪。""在这样的国家，精英的行为是无所顾忌和机会主义的。如果有竞争性的选举，这种选举就变成了血腥的零和斗争，它的成败关系到一切，谁都输不起。普通百姓并不是真正的公民，而是有权有势的地方首脑的附庸，而后者又是更加有权有势的庇护人的附庸。权力和地位的极端不平等形成了垂直的依附链条，其稳定性通过庇护和恩惠、胁迫以及选举中对种族自豪感和偏见的煽动而得到保障。官员从政府中牟利，有权有势者压榨弱者。这样的掠夺性政府无法让民主制度持续下去，因为民主需要立宪制度、折衷和对法律的尊重。"他还说："民主陷入困境的国家几乎普遍受到治理不善的困扰，有些国家似乎深陷于腐败和暴政模式。很难看出，如果不推行重大改革，他们如何能作为民主政体存活下去。"这就是西方国家在其他国家推行民主的现状。

实际上，民主作为上层建筑，本来是有丰富内容的，除了必须拥有的经济基础之外，法律的完善、法治的社会、较高的教育水平和公民文化素质以及严密精细的操作程序等等，都是必不可少的基本要素。而所有这些基本要素的确立和完善，需要相当长的历史过程，并且需要针对本国具体的历史、文化和环境，进行长期的改革和奋斗。西方人把这一切最基本的内容都置于一旁，单单强调一人一票的程序民主，这种从利己的目的出发，采取机会主义和霸权行径的做法，正是导致发展中国家出现"普遍的民主困境"的根本原因。

关于民主制度的建立，有必要特别强调指出它与经济基础的关系。早在公元前，古希腊的思想家亚里士多德就提出，一个优良政体至少需要的两个条件：一是中产阶级占多数，二是法治的确立。他认为中产阶级比任何其他阶级都倾向稳定，所以中产阶级是优良政体的基础。而一个城邦只有能够维持法律权威时，才能说明它已建立了优良的政体。这些思想对后来西方民主制度的建设产生了深远影响。那么，怎样才能使社会中的中产阶级占多数？肯定首要的是促进生产力的大提高，建立起强有力的经济基础，才能够实现的。香港的社会在回归前后都运转良好，在国际上有口皆碑，靠的就是经济繁荣和法制健全，并不是所谓的"民主政体"。回归前，香港连总督都是宗主国英国委派的，连一人一票的选举形式都没有，哪有什么民主？不照样跻身"亚洲四小龙"吗？新加坡自独立后一直是一党专制，也是四小龙之一，西方不也得承认人家是"成功的专制"吗？而一个国家中大多数人都还挣扎在温饱线上时，哪来那么多趋向稳定的中产阶级？又何谈优良政体？毕竟民主选举不能当饭吃饱肚子。那些被实行了民主体制却陷入了民主困境的国家，基本上都是没有一定经济基础，还处在贫困状况中的发展中国家，这就足以说明问题了。硬要把民主建立在没有基础的沙滩上，搞得人家纷争不断，四分五裂，而这样的情况比比皆是。据胡佛研究所的拉里·戴蒙德统计，这种"陷入困境的民主国家"超过 50 个，遍布拉美、非洲、亚洲和前苏联地区。这种普遍的状况能说明什么呢？只能说明美国和西方在世界所有地方推行"民主"的做法是行不通的。

在发展中国家强制推行民主出现了"民主的困境"，那么，世界上"最民主的国家"美国情况又是怎样呢？前面提到过美国的黑奴制度和黑人及妇女选举权的问题。再来看看"三权分立"，这个学说是法国启蒙思想家孟德斯鸠发明的。实行"三权分立"的具体设计时，却从一开始就是赤裸裸的利益考虑。美国独立战争胜利后，穷人还是穷人，富人还是富人，于是各地都出现了要求重新分配土地的呼声，甚至发生起义。如果当时用"民主"的方法决策，占人口多数的穷人肯定有利，而富人和他们的私有财产自然受到威胁。怎么办？英国当代学者约翰·麦克里兰在《政治思想史》中写道："解决这个难题的办法，是设计一套政治制度，以此来磨钝人民的意志，将人民的动乱列为非法——设计效果就是要钝化群众粗鲁的激情。参政必须是间接参政，不能依样复制古代共和国的直接民主。""一套经过'钝化'透过代议原则运作的政治制度，绝无可能使国会出现主张重新分配财产的多数，何况最后还有总统的否决权把关。后来'司法审查'制度充分发展，又加入了最高法院的制衡。"了解了这一段历史，就不仅知道了"三权分立"的初衷，也知道了它的本质。麦克里兰还对多党议会民主做了分析，指出"美国政治是各种正式与非正式复杂因素之间相互平衡的政治"。也就是说，是各种利益集团用党派形式在议会里不断争夺和妥协的政治。

美国哥伦比亚大学的社会学家米尔斯早就指出：活跃在美国政坛的是一批各有后台的"权力精英"，选民只是被迫在这批精英中挑选领导人。因此，这是一种"形式上多数人参与、实际上少数人控制"的"民主"。近几次大选，真正出来投票的选民才有40%左右，这能是一种多数人的自觉选择和多数人的统治吗？难道这就是"真正的民主"？实际上，西方那种民主制度下，还是政客们说了算。早在1787年，美国政治家汉密尔顿在观察了一些州议会后就断定："（议员的）问题总是什么能够取悦而不是有益于人民。"问题出在人民自己而不是议员身上，人民"小声抱怨赋税，大声抗议统治者，然后再投票给吸引我们最恶劣本性的煽动家"。德国前总统魏茨泽克则说："议员们通常只考虑短期利益，而不大注意长远利益。没有长期打算，要保持可持续性发展是难以办到的。"美国学者蒂姆·哈克勒在《民主是人类的自然状态吗？》中写道："历史证明，是文化决定了哪个国家适宜民主。"英国学者马丁·雅克也发表文章说："的确有理由认为，西方民主正在衰落，而且症状很普遍：政党的衰落、投票人数的减少、对政客的日益蔑视，政治不再是社会的中心。至少15年来，这些趋势在各方面都能觉察得到。"他还进一步说："西方的民主模式就像其他所有事物一样，都是历史长河中的一个特定阶段，它不是普遍适用的，也不会永远存在下去。"

　　既然民主不像美国和西方政客们说得那么美好，既然承认民主是手段而不是目的，它与各个国家和民族的历史、文化、经济与社会环境有着密切关系，那么自然地就会得出结论：强行推动别国实行西方式民主的强权做法，就是错误的。既然是错误的，还要作为"战略"去实施，那么肯定就是不道德的。硬要把自己打扮成站在"道德制高点"上的民主传教士，该是怎样的虚伪！在当今人们越来越认清这些问题时，西方一些有识之士的话也许更值得西方那些伪善政客们认真思考。英国学者乔纳森·斯蒂尔在英国《独立报》上撰文说："从西方的态度中可以得出一个教训，那就是现实世界中的民主比华盛顿的民主斗士们想得复杂。另一个教训是，民主制度无法轻松地应付全球化和迅速的内部变革带来的紧张局势。"

哈佛大学经济学家布鲁斯·斯科特说："在几乎所有的地方，都是资本主义先于民主出现，只有美国除外。""世界上其他地方花了一百年乃至两三百年才达到能驾驭民主的水平。"认为"有了宪法和选举就有了民主"的看法大错特错，是"非常愚蠢"的。他还说："资本主义未必会通向民主。可以肯定的是，资本主义会不断产生收入不均，最终会变得与民主格格不入。"柏林社会科学院研究中心教授洛德·达伦多夫指出："当民主未能带来经济好处时，人们就会开始怀疑其价值。""对于可持续的自由来说，没有什么比人们头脑中把资本主义和民主分开更难，却也没有什么比这更重要。""如果不把两者分开，它们不会相互促进，反而会全都逐渐令人失望。"美国右翼资深记者罗伯特·D.卡普兰则明确指出："政治变革不是我们必须强加给人民的东西——我们必须为之努力的目标不是民主，而是正常状态。和我们历史经历不同的民族将对此表示感激。"

我们应该对美国和西方的政客们提出忠告：从虚伪的道德制高点上走下来，不要再居高临下地教训别人应该做什么、不应该做什么，管好自己的事情，这个世界就会和平得多，发展得快，这样做，大家才能都有好处。

（三）

从当今的国际形势看，西方推行自己的价值观，已经成为专门用来攻击别国的一套三节棍，除了"民主"之外，还有所谓的"人权"和"自由"。只要看看那些"自由世界"的"人权卫士"们经常使用双重标准来分别对人和对己，就能明确地观察到这一事实。

在中国积极筹办一届象征人类和平、团结的体育盛会——北京奥林匹克体育运动大会之机，西方一些人先是参与、密谋利用这个机会羞辱中国，策划出一整套的行动方案，支持少数"藏独"分子，并资助他们在西方及其他地方建立的训练营中加以培训，在西藏拉萨掀起一场打砸抢烧事件。再到"讲求自由"的西方国家破坏奥运火炬传递活动，同时，他们的政要和媒体几乎同时一边倒地利用这一事件群起而攻击中国的人权问题，诬蔑中国压制"自由"，在整个西方阵营掀起一股反华的浪潮。

从整个事件中，明眼人一看就明白，这显然是有计划、有组织、有配合的一个运动，在这场运动中，西方势力里没有人去讲为什么"和平示威"会打砸抢烧；没有人去讲为什么"军队镇压"死难者却是未参与示威的普通老百姓而没有肇事者；没有人去讲西藏在1959年民主改革前是政教合一、僧侣专制的农奴制（与西方许多国家在中世纪的状况颇有类似），而之后这几十年取得了飞速发展和人民生活的迅速提高；没有人去讲藏传佛教得到了怎样的保护和传承（在西藏，每1600多人就有一个寺庙供做宗教活动，而西方许多地方要3000多人才拥有一座教堂）；也没有人去讲西藏几百年来从来就不是一个独立的国家，始终是中国的一部分，世界上也没有一个国家承认过西藏是独立的，包括西方国家自己；更没有人去讲法国政府是如何对待巴黎郊区大规模青年人闹事的；美国政府是如何对待洛杉矶大面积骚乱的——这种"只许州官放火，不许百姓点灯"，完全不顾基本事实而又盛气凌人的嘴脸，给世人上了生动的一课：西方的文明和价值观，他们鼓吹的"自由"和"人权"，原来如此！

他们不讲道理，我们却不能像他们那样无理。究竟什么是人权？自由又是怎么一回事情？让我们看看历史。西方的人权概念可能要追溯到中世纪，当时教皇和教会的势力至高无上，在神权的压迫和封建君主、贵族的剥削下，人们不仅生活得水深火热，而且完全没有尊严，残酷的剥削和压迫迫使人们起来反抗。虽然意大利的文艺复兴主要表现在艺术和学术形式上，但其矛头指向了反动的教皇和教会势力，用"人"来挑战"神"，用"人道"和"民主"来反抗"神权"。后来，英国的资产阶级革命时期，同样是为了反对封建专制制度，资产阶级提出了人权的概念。1679年和1689年，由英国国会制订了"人生保获法"和"权利法案"。十八世纪，资产阶级启蒙思想家提出"天赋人权"，1776年美国《独立宣言》提出"一切人生来都是平等的，他们享有不可侵犯的天赋人权——生存、自由、追求幸福。"1789年法国大革命发布《人权宣言》，提出"人类生而自由，在权力上生而平等"，宣布"自由、安全和反抗压迫为天赋人权"。1948年12月，第二次世界大战结束后组成的联合国第三次大会上，通过了《人权宣言》，宣布个人享有各种基本自由，以及劳动权和其他经济的、社会的、文化的各方面权力。可以说，这在某种意义上是针对德意日法西斯主义的。

从以上回忆中我们可以看出，所谓"人权"和"自由"，从一开始就是被压迫阶级作为新生力量用以反抗统治阶级的工具，这种"价值观"以及由此经过斗争逐步发展起来的治理体制是历史的进步，而且这种人本主义的理念对于推动整个世界向着更加文明的境界发展也具有进步意义。但是它也有一定的针对性和局限性，它不是也不可能是解决人类所有问题的唯一的灵丹妙药。"天赋人权"讲的是人与生俱来都是平等的，人人都有生存权力，有不受奴役、追求幸福和自由的权力，也可以说，平等是"人权"、"自由"、"民主"等概念的前提和基础。没有了平等的权力，怎么谈人权和自由？如果我们发展中国家的人和美国西欧的人生来就不平等，而这种不平等又是几个世纪以来被列强们压迫、奴役而造成的，那么，我们应该首先向谁去索要人权和自由呢？如果我们发展中国家与西方人生来就是平等的，那么，为什么他们可以做的事情我们不可以做呢？

西方的政客和媒体往往以"上帝选民"自诩，布什前总统就公开讲过这一概念。自以为他们天生就高人一头，受到上帝的青睐和眷顾，但不知他们对"上帝选民"的出处是否遗忘了？这个提法出自十六世纪瑞士新教卡尔文教。卡尔文在1536年发表的《基督教信仰典范》中提出"先定论"，认为人的得救与否不是先靠斋戒、忏悔和赦罪，而完全靠上帝的先定旨意，认为从创世时人类就有"选民"和"弃民"之分。"选民"注定得救，而"弃民"则注定受穷和失败，那么，非西方的人已经被注定是"上帝弃民"了。"选民"和"弃民"从来就是不平等的。如此一来，你们让"弃民"与"选民"享有同样的"人权"和"自由"，岂不是为难上帝吗？你们连"万能的上帝"都敢为难，不是太狂妄、太自不量力了吗？我们到现在都还不明白，"上帝选民"是什么意思？是上帝选择了你们因而你们是上帝的宠儿，天生就比别人优越呢？还是你们作为选民选举了上帝，上帝就会照顾和回报自己的选民呢？当然，不管是什么，我们之间天生不平等就是了。既然连平等这种起码的条件和基础都没有，还要讲自己的价值观是普世的道德，这不是太虚枉、太不靠谱了吗？

"人权"和"自由"是人类的一种追求，但是人类社会是分为不同民族、不同国家、不同阶级、不同利益集团的，因而这种追求的具体内容和形式也应该是多样的。只有争取大多数人广泛的人权和自由，才应该被视为正义和有意义的。只关注少数人的权力和利益，则会对多数人形成侵害。正如俄罗斯人民友谊大学国际法教研室主任阿斯兰·阿巴希泽教授所言："在当今社会，人权的实质就是使人民过上富足的生活，如果有人在国家主权的问题上破坏了国际通行的法则，应被视为侵犯人权。"由此可见，人权问题不是一个孤立抽象的概念，它是一种与人类社会生活中其他许多基本规则相互结合、相互影响的理念。那种不顾别人对生存权力及良好生活的起码追求，不顾别人的安全稳定和基本秩序，自己制定某种不平等的游戏规则，自己又不完全遵守，却硬要别人"按规矩"行事的言论和做法。根本就是破坏人类基本权力、破坏人类基本道德的行径，是对人类社会进步的反动。

海洋地理学家雅克·库斯托在一份探究个人经历的社会意义的调查中总结到："当你在街上开车看见红灯的时候，你会停下来，你不会认为红灯限制了你的自由，相反你知道它是在保护你——责任要靠社会机制而不是个人美德来维系。"这里提出了一个最基本的道理，那就是自由是相对的。人们在享受自由的同时，又必须以社会的秩序和纪律约束自己，绝对的自由是没有的。自由是对纪律而言，它们是一个统一体的两个矛盾着的侧面，就像没有完善的法制亦也不可能有成熟的民主一样。片面地强调某一个侧面，只会搞乱别人的社会秩序，使那里的人民连基本的生活安定都无法保障，还谈什么"自由"和"人权"？当然，也许这种情况正是西方一些政治精英们所需要的，当你那里的社会被搞乱了以后，他们正偷着乐呢！

讲人权，自然是指人享有的权力。中国古代先贤孟子曾提出："民为贵，社稷次之，君为轻"的理念，这比欧美先人提出人权的概念要早近 2000 年。诚然，东西方的意识中，对于人的理解有极大的不同。中国传统的"天人合一"讲人是自然界的一分子，与自然共生。"礼"与"和"是讲人与人的关系，讲社会秩序。总之，在东方传统观念中，人从来不是孤立存在的。而西方讲人是自然界的主宰，食物链的顶端，人与万物是对抗性的，适者生存，优胜劣汰，弱肉强食。被西方奉为自由资本主义理论先祖式人物的亚当·斯密认为：人人各为自己，而最终各得其所，社会就会发展，因而，个人主义、利己主义就天经地义。在美国影响甚大，被称作"代表美国精神"的艾恩·兰德倡导："个人是其自身的最高价值"，"一个人唯一的道德义务是让自己获得幸福"，"攻击'自私'就是攻击人的自尊，放弃'自私'也就是放弃自尊。"她还说："我决不会为他人而活着，也决不会让他人为了我而活着。"伦纳德·多伊尔评论说：她"通过弃绝利他主义和拥抱自私""将美国对个人主义的崇拜推向了以彻底的利己主义和鄙视社会贫困成员为指导原则的新领域"。艾恩·兰德研究所所长亚龙·布鲁克甚至说："只有兰德为个人以及整个社会提供了一种世俗的绝对主义道德观，一种建设性的理念和行动计划。"我们不知道艾恩·兰德女士在 1982 年去世前是怎样生活、怎样与别人和社会打交道的。她的思想听起来与我们中国人乃至东方人的思想有些格格不入，但她的著作影响力却仅次于《圣经》，她本人被当作"精神领袖"，在当代美国仍受到顶礼膜拜。这就是美国，这就是美国价值观的思想基础，也是美式"人权观"的思想出发点。

与西方不同的是，我们认为，人都是社会的人，人的社会属性乃是人的本质特征，而不仅仅是一种外在的属性，没有人可以生活在人类社会之外。其他高级动物出生下来最多一年就可以离开父母独立生存，人却不同，他从降生到能够独立生存至少要十几年，而这段时间不仅仅是生理成熟的必要过程，更是接受各种教育，形成自我生存能力和独立思想的必要过程。在这一过程中，人无时无刻不在与社会打交道，没有了与社会的联系，人几乎连一天也不可能存活。正是由于人的这种社会存在，决定了人际关系的复杂、多样，形成了各种各样的社会问题，也就催生出多种多样的思想理念，包括西方人所强调的人权、自由、平等、民主等等。如果人可以作为一个个体独立地生活在自然界，像其它动物那样在自然界觅食谋生（就像"人猿泰山"）的话，也就根本不需要什么政党、议会、政府、军队、企业和社会组织，不需要什么人权、自由、平等和民主的概念，也就不会有什么科学家、艺术家、企业家、政治家、工人、农民、白领、蓝领了。当初鲁滨逊漂流在孤岛上，与外界失去了一切联系，那时候的他讲人权、平等、自由、民主还有什么意义吗？

既然人只能以社会的形式存在，而组成社会的人又分工不同，于是就形成了不同的阶级、阶层、利益集团和组织形态；处于不同的社会地位、不同的地域、不同的条件环境又形成了不同的民族、国家。那么，就一定需要某种社会秩序，某种游戏规则，某种制度和文化，而身处其中的人就必然要接受这些规则的制约，承担一定的社会义务与责任，否则人类社会根本就不可能大致正常地运转，甚至不可能存在，哪里还会有个体的人的利益和追求？像艾恩·兰德女士那样"决不会为别人活着，也决不会让别人为我活着"的人，从地球上有了智人之后就从来没有过。当然，我们也承认，中国传统文化和体制中，对个人权利和意志尊重不够，这是需要加以改进的。现在提出以人为本的理念和方针，正是这种改进。

香港教授刘迺强指出："人权是从个人主义价值观出发，中国不论从集体主义的传统，或者从狭窄生存空间的现实出发，最终都不可能全面采纳西方那一套。""国际社会已开始明白，不可能以发达国家的观点和优先次序检视所有国家的人权问题。"那么，为什么西方国家的政客和媒体还一定要把他们的人权自由观强加于人，动不动就出来打压一番呢？英国资深经济学家阿纳托尔·利芬在《金融时报》撰文指出："打着人道旗号进行帝国主义宣传，是美国及其盟国现在还在使用的手法。""所有西方国家都以非西方社会的野蛮为借口将其征服，它们这样做完全是为了自身的利益。"他还说："无论在人类历史上还是在今天，我们现在所说的人权主张还可以被用来助长仇恨、傲慢和侵略言行。"因此他强调："在评价特定的人权运动时，应该问几个基本的问题：到底是同情还是仇恨驱使他们采取行动？他们到底在多大程度上本着对相关地区认真负责的态度？参与西方人权运动的个人和组织究竟做出了多大努力来研究这些地区及它们存在的问题，而不是仅仅摆出正人君子的样子？"

对于美国的帝国主义本质，英国斯特灵大学国际关系学者瓦西利斯·福斯卡斯博士在《新美帝国主义》一书中有更深入的剖析。他在具体分析了美国在经济、国际关系领域和意识形态方面的政策后指出："美帝国主义并非一个过时的词汇，它正以一种新面目出现"。它"往往声称其采取的政策和军事手段的目的是为了'维护和平、民主和自由'"。但是，"帝国主义往往用华丽的词藻来掩饰自己——美国对世界'救世主似的'帝国控制从 1945 年以后开始隐含在其外交政策中——但只有在冷战后，它们才找到机会露骨地表现出来"。他还深刻指出："曾几何时，我们可以通过历数殖民地来跟踪帝国主义扩张的轨迹。从新帝国的角度来看，殖民地就是军事基地。""美国的政治目标是要成为'自由世界中心'，使其他重要力量围绕、依附在美国的周围，形成一种'轮轴与辐条'的关系。"这种利益格局下，那些"辐条"上的人民及其所在的国家，能有真正意义上的"人权"和"自由"吗？

在我们看清了西方推行所谓的"民主"、"自由"、"人权"的背后，以及实施这种战略而给发展中国家造成的实际结果之后，我们应该更加坚定地笃信自己的价值观，坚持在"五个统筹"

的方针下，认真解决现实存在的问题，排除一切干扰，追求绝大多数人民的长远和根本利益。坚持发展社会经济和改革开放的路线，坚决把建设中国特色社会主义的事业进行到底。我们中华民族复兴的目标，不是也不可能是建立美国或西欧那样的国家，而是建立包括自身优良传统，吸纳世界先进文化和以为人民服务为宗旨的共产党文化的全面小康社会。既然我们中华民族绵延五千年，从来就没有被别人所打倒，没有被外来民族和其他文化摧垮，也没有在世界大战和世界性动乱中消失，那么，我们为什么不能探索出一条既符合人类社会发展潮流，又适合我们民族自身特质和需要的道路呢？为什么不能在"和而不同"的价值理念下，与地球上的所有民族共同去创造一个大家都能享受美好生活的崭新社会呢？

走自己的路，不管别人怎么说！

2010 年 9 月

从"狼孩"说起
——关于人、人性与文化的一点议论

记得上世纪六十年代初，笔者上中学时看到过一则报道，讲述的是印度，人们在丛林中发现一个狼窝，竟然有一个几岁大的男孩与小狼们生活在一起，他赤身露体，四肢爬行，动作敏捷。人们把他带回村里精心喂养，但他对人充满敌意，不懂交流，也不会用手，生活习惯完全似兽类而与人相异，不久便逝去了。

这"狼孩"是不是人？说他不是人吧，他确是人类所生，其生理结构、器官与所有人别无二致；说他是人，却全无人的生活习性，也无法适应人的生活环境。因此，笔者以为：这可能是个"哲学问题"，大概超出了自然科学的范畴。

那么，究竟什么是人？人的根本属性是什么？人性又是什么呢？笔者感觉：这个问题可能确属于人们每日每时都会遇到，与每个人息息相关，但却熟视无睹、充耳不闻的那类问题。你只要对自己日常所闻所见多想一下，就会发现，它在影响着你生活的时时刻刻，方方面面。这个问题大则关乎人类生存的价值理念、社会形态、制度设置、生活环境、国际秩序等等；小则涉及个体的柴米油盐、喜怒哀乐、生老病死，不一而足。

在当今中国社会变革转型而逐渐多元化的形势下，多种利益诉求冲突，多种社会矛盾凸显，多种文化思潮碰撞，有些让人类莫衷一是。此时，人们多思考一下关于人、人的本性以及由此衍生的各类问题，对于达成某种基本共识，寻求最大公约数，从而在包容、和谐、共进的基础上，去实现新的社会平衡与治理模式，应该是必要和有益的。

从『狼孩』说起
——关于人、人性与文化的一点议论

一、对人之本性认识不同导致文化差异

关于人的本质属性，各种理论、学说层出不穷，但归结起来，不外乎三个基本方面，即人有自然属性（生物性）、社会属性（社会性）、精神属性（思想性），这三方面综合起来才构成人的本质，构成人与任何其他生命体不同的特殊性质。缺少或弱化任何一面，都不能完整、全面地认识人和人类这一存在。而人和人类还在不断演进，对自身的认识，对人类与自然关系的认识，对人类内部相互关系的认识，以及相应地不断调整，都没有终结。像弗朗西斯·福山教授在伯林墙倒塌之后所著《历史的终结》那样总结，显然是言之过早。人和人类社会还是会不断发展变化，这是不以人们意志为转移的规律。

人们都说东西文化存在很大差异，这确是不争的事实。而这些差异从一定意义来讲，正是对人和人类特质的认识差异而形成的。应当承认，它们都是在各自的历史发展中积淀提炼而成，自然各有其存在的合理性，也都得到各自经历的验证。但是，现在就简单硬性地评判它们的优劣，说谁的价值观与模式是普世的，其他的文化则是落后的、个别的、另类的，从而绝对地扬一方，弃一方，则既不科学理性，也与现实抵触。

我们今天思考与讨论此类问题，不应忽略 2008 年以来波及全球的金融和经济危机的大背景。截止到目前，危机发源地的美国仍然没有彻底走出阴影；欧洲债务问题的影响及前景还不明朗；日本即使不考虑大地震和核泄漏的因素，其经济已十几年持续不振，一直未找到解决的办法；至于震动全世界的北非、阿拉伯"茉莉花革命"风潮，其直接原因本来是世界经济危机导致这些国家失业率太高而引发的，虽方兴未艾，但结局难料；而我们中国虽然整体情况相对很好，然而各种矛盾的凸现，却也处于相当复杂的局面中。如果把所有这些现象综合起来分析，我们是不是可以看到自由资本主义内在本质的结构性问题？而简单地认定这种危机只是经济范畴内的周期性波动，是不是过于肤浅又难以服人？

问题还不止于此，我们不是在分析国际形势，而是想思考一些更深层次的问题。那么，我们就不能不承认一个最基本的事实：即现实世界在今后很长的历史时期内，都还是以民族国家为基本形态存在，而这些民族国家又分为东方和西方，南方与北方，各个国家又处在不同的发展阶段，以不同的制度、体制、不同的文化和价值理念在治理，也都存在着许许多多的矛盾和冲突。于是，我们不能不考虑，所有这些现象和问题与产生它们的社会文化、价值理念和发展模式又有什么联系呢？如果再把上述内容提升到关于人和人性的角度去观察与思考，是不是会有一个新的境界，得出不一样的认识呢？笔者认为，不把这些问题搞清楚，不在这类问题上求得较广人群的一定共识，今后的路子怎么走，恐怕仍然难免盲目性。

二、中华文化带动了一种文明体系

　　以中华文化为代表的东方文化，是在漫长而又相对发达的农耕社会基础上形成和发育起来的。农耕文化追求社会稳定和顺应自然，所以中华文化特别讲求"天人合一"，又总是把关注现实、关注人生、关注社会放在第一位，强调依道而行，强调道德和秩序，将格物、致知、正心、诚意、修身与齐家、治国、平天下统合起来。自先秦以降，中华文化就一直是这样"入世"的文化，有着鲜明的世俗精神和人文主义，其中也贯穿着朴素且一贯的人道主义内涵。她其实就是把人的自然之性、社会之性和道德之性协调统一起来的一种文化，她符合人的本质，符合人性。正因为如此，她才具有了绵延几千年"香火"不断的生命力。不能想象，一种超世俗、反人文、非人道的社会和文化，仅仅是由于统治者的专制就能维持几千年的历史。

　　中国几千年的历史中，没有西方那种长达千年宗教统治和宗教斗争的中世纪存在，中国文化中也没有西方那种神学传统。但她并不排斥宗教，而是采取了"敬鬼神而远之"的包容态度，所以才有了儒、释、道并行发展，相安无事的独特景象。对比一下东西方历史，如果说公元十四五世纪意大利文艺复兴运动被认为是"人的发现"，是"人对神的叛离"，表现出前所未有的世俗主义和人文主义精神。那么这种世俗主义和人文主义早在文艺复兴前二千年，就在中华大地形成了较为完整的文化体系，并且深刻地影响着中华以及东方的社会与思想发展。

值得强调的是，中华文化带动的是一种文明体系的建立，她不仅造就了一种长时期超稳定的社会结构和国家形态（二千多年间的改朝换代和外族统治都没有改变它），而且创造和保持了世界上最发达经济体长达十几个世纪，在自然秉赋并不特别优越的条件下，繁衍和养育了世界上最庞大的人口。没有这种相对繁荣的经济力的支撑，中华文化几千年连续不断就不可理解了。也可以说，在西方工业文明发生之前，中华的体制、文化并没有严重阻碍当时社会生产力的相对发展。如果中国仅仅是一个社会原始、经济落后、人穷地贫的不毛之地，那么，用工业文明武装起来并追逐利益的西方各国为什么会不远万里，用坚船利炮轰开中国之门来瓜分中国呢？当然是为了有利可图。中国又为什么没有像北美洲那样，完全被盎格鲁·撒克逊人及其经济、社会、文化体系所取代，发展成为当今世界最强大的美利坚合众国？很大程度上是因为印第安人没有自身发达的社会经济文化体系与能力。至于同样具有古文明历史的印度，为什么会完全沦为大英帝国的殖民地？恐怕与其文化体系中世俗主义和人文精神的不足，以及经济不发达有关。

还有一点不应漠视：中华文化并不是一个完全封闭的自在体系，在她的形成过程中就具有一定的多元开放性。现代的人们不妨仔细看看三千年前的《诗经》，那里有多丰富的生活内容和追求？拿这些内容与文艺复兴时的内容做个比较，也挺有意思。还不妨想想春秋战国时期的百家争鸣，几大家中有哪个是早已消失殆尽、被完全淹没在历史的长河中了？再不妨思忖一下，为什么自汉唐以来，儒、释、道和伊斯兰文化可以相安并存至当今？为什么佛教始于印度，在发源地被印度教替代，却在中华大地发扬，形成诸如大乘、小乘、禅宗、密宗等多派林立的繁荣局面？特别是近、现代，为什么"德先生"、"赛先生"，尤其是马克思主义、无产阶级革命、社会主义、计划经济和市场经济等等这些西方的东西，能在我中华落地且别开生面，而又不是在彻底颠复原有文化体系的基础上实现的？这里面难道没有中国文化"和而不同"，追求"大同"思想基因的作用吗？难道没有对人和人类、人性深邃理解的因素吗？

著作《当中国统治世界》一书的英国专栏作家马丁·雅克提出："不能把中国看作是一个主权国家，而应该把它看作文明国家"，"世界上有很多文明，西方文明也是其中之一。但是，中国是唯一的文明国家。文明国家的定义要有非凡的悠久历史，还要有辽阔的地理和人口规模及多样性。它隐含的意义是深刻的：统一是头等大事，多样化是其生存之道"。他认为，"决定中华特性的那些关键因素不是来自上个世纪的政权国家时期，而是来自几千年的历史，而这就决定了中国特色的独特性"，"无论在什么地方，现代化都是市场和科技与历史和文化两相结合的产物"。现代的中国经过 30 多年改革开放，不仅实现着自己的崛起，而且对世界产生着深远的影响，当然不能忽略中国深厚博大文明体系的重要作用。同样的原因，也说明了中国为什么不可能走完全西化的道路。

尽管如此，我们也不能忽略中华文化体系中有诸多缺陷，否则我们就解释不了近代中国落后，被西方列强欺辱的历史。依笔者愚见，从人和人性而言，中国传统文化中更重视现实的社会人生，强调人的社会性和道德要求，而这种要求更多的是顺应自然与社会的秩序，却缺少了对人的权利与个性发展环境的设定，是不是可以理解为对人的自由追求及其社会意义重视不够。因此，体现出我们民族以往竞争性不强，改造自然与社会环境使之更好地服务于自身的欲望与能力不足，也就造成了我们后来社会发展缺乏内在的动力。这大概就是我们近代衰落的主要内因之一。虽然我们的文化中也有老庄关于自由的思想，但那更多的是教人超脱的精神安慰，而非入世变革的指导思想；虽然我们的文化中一直都有孔孟的"仁者爱人"和墨子的"兼爱"思想，但那更多的是一种个人道德修养要求，而非形成平等竞争社会环境的思想基础。于是我们的社会培养出不少"谦谦君子"，而未能造就一批改造社会、改造自然的精英。这应该成为我们民族演进中的值得反思的内容之一。

三、西方文化的核心价值与"丛林法则"

西方文化逐步发展成主导世界的文化，其实起源于意大利文艺复兴，它推动了启蒙运动，在自由、平等、博爱和人权及社会契约思想的引导下，带动了工业革命，大大提高了社会生产力，又通过商业活动和海外贸易，把这种思想推向全世界。笔者认为，这里面有两点特别值得注意：一是关于自由、平等、博爱、人权等价值观念，是当时新兴的平民阶级用来反抗居于统治地位的封建阶级和反动僧侣阶级，为争取自身权利而提出的，它具有重要的社会进步意义。然而人们往往忽视了当时的平民阶级，应当包括工业文明推动产生的新兴资产阶级和同时产生的工人阶级（无产阶级），这两者是一对矛盾的共生体。也可以说，人数远大于资产阶级的广大工人阶级，也是上述进步思想理念的"发明者，拥护者"，更可以说是它的重要社会基础。而代表工人阶级利益的共产党，"天生的"并不反对这些有进步意义的思想理念，只不过由于资产阶级逐步代替了反动的封建和僧侣阶级，成为新的统治阶级后，并没有给工人阶级和其他劳动阶级以相应的权利，却相反地使后者成为了新的受压迫和剥削的被统治阶级。同时，资本主义的发展造就了全球范围殖民主义的盛行，形成了更多的被压迫、剥削的无产阶级。后者要改变这种不合理的社会秩序，而随后产生的空想社会主义者的理想与实验又无法解决这个重大的社会问题，于是必然地产生了马克思主义的理论和共产主义运动。马克思主义深刻揭露了资本主义的本质及其带来的社会不公，推动了世界性的民族解放独立运动，摧垮了旧殖民主义体系，摧生了广泛的社会主义风潮。有些人因为马克思主义主张暴力革命而否定它，但他们却故意不提资产阶级革命也是通过暴力，以及马克思主义关于"无产阶级只有解放全人类，才能最终解放自己"的主张。我们要说的是，马克思主义的本质和目标是人道主义的。

第二，西方文化的一个核心价值理念是信奉"丛林法则"，即信奉"物竞天择，适者生存，优胜劣汰，弱肉强食"的"铁律"，认定人是万物之灵，居于食物链顶端，可以任意主宰和改变世界。把达尔文的"自然进化论"运用到人类社会，这种"社会达尔文主义"就被演化成了强者的理论。所谓自由、平等、人权，以及后来的民主等，都逐渐蜕变为强者（即资本所有者）自身利益的保护伞。在这种价值理念武装和包装下，殖民主义扩张、掠夺、战争和帝国主义便大行其道。谁能说殖民地剥削、两次世界大战以及许许多多的战争，都与上述价值理念没有关系？

二次大战后，旧的殖民主义被新的自由资本主义所替代，以美国为首的西方阵营取代了"日不落帝国"为首的旧殖民主义体系，但是盎格鲁·撒克逊体系仍然在主导着世界。大量的殖民地成为独立国家，它们"自由"了，许多还仿效西方成为"民主"国家。但它们真正获得"平等"了吗？被"博爱"了吗？有了与西方一样的"人权"吗？来看看美国已故著名历史学家斯塔夫里阿诺斯在《全球通史》中的描述："第二次工业革命的世界影响在很大程度上是'破坏性'的，导致了第三世界经济的恶化以及富国和穷国差距的惊人扩大——据世界银行统计，1950年工业化国家的人均收入是欠发达国家的10倍，到1965年时这一比例转变为15∶1；而到二十世纪末，预计这一比例还有可能达到30∶1。"同时，"社会不公正的问题也日趋严重——据联合国1994年的《人权发展报告》披露，在过去的50年中，世界收入增加了7倍，人均收入增加了3倍。但是无论在国内还是在国际社会，大量收入的分配都是不公正的：在1960年至1991年间，占世界人口20%的最富有的人拥有财富的比例从70%增加到85%，而20%最穷的人拥有财富的比例则从2.3%下降到1.4%。"请切记，这样的现实正是在西方国家主导的国际秩序下发生的，也是在他们推行"主流价值观"的历史阶段中产生的。也许二十一世纪这种比例会有所变化，那是由于中国等"金砖国家"作为发展中国家崛起而带来的，但它并不意味着发达国家主导体制的"延伸效应"，反而恰恰是对旧有体制的冲击、改变所产生的。当然，这些崛起的发展中国家现阶段仍未能解决好内部分配不公等问题，但最终解决它们一定是要依靠进一步的变革，而绝非进一步效仿。

笔者记得欧洲一位学者在总结上一个千年历史时说过一段十分值得深思的话，大意是：人类社会发明了商业活动，极大地促进了物质生产，极大地提高了人类的生活水平；但同时，也极大地破坏了人类的道德体系。如此说来，我们可不可以理解为，西方文化中关于人和人性的问题，更多地强调了它的自然属性，即更多地强调了人和人性中生存竞争的一面，更多地突出了个体权利和个性发展，认定人人为自己，社会就得到好处；或者人人为自己，上帝为大家，从而忽视了人的社会性本质，或者说他们所讲的社会属性和精神属性更侧重为人的个体发展服务，把人的本质中三个互不从属的特质变成了有主有从的成分。因此，西方文化中这种对抗性成分，也有对人和人性本质的偏向。

四、"性本善"与"性本恶"

　　关于人性本质的问题，东西方文化也有不同认识。中国文化中以孔孟学说为主，认为"人之初，性本善"，恶是后天才有的，"苟不教，性乃迁"。孔子并没有强调"性本善"，只是承认"习相近，性相远"，孔子的"仁者人也"，既表现出人具有生物属性，作为有生命的社会个体，有生存、繁衍的欲求和物质生活的需要，但又强调人并非单纯的自然之物，而是作为社会的人，具有社会属性，需要接受各自的社会地位、权利义务、原则规范、道德礼仪和生活方式的约束。这些约束的核心是"仁"，表明道德是人的最高本质，又是区别于其他动物的根本所在。孟子其实看到了人性的复杂结构和多层面性，但他从人的理性和道德性出发，认为"仁、义、礼、智"是人主体意识对客观世界的反映，是人能动地处理人与物、人与人关系实践的心理沉淀。所以他说："仁义礼智，非由外铄我也，我固有之也。"我们应该把这个"我"理解为"人"。到了荀子，则进一步明确承认了自然人性论，强调人的"性"、"情"、"欲"是先天性的，不过，如果不对之加以限制，就必然引发冲突、争夺、恣肆、淫乱等一系列的恶行。所以，荀子提出的价值取向仍然是重人类、重群体、重道德。

西方人性论强调的是人性本恶，上帝造人之初，亚当、夏娃就是犯禁才有了人，人是罪恶的产物，人到世界上就是来赎罪的。虽然有"摩西十戒"，但如果犯了戒，只要向上帝忏悔，身后还是会升到天堂的。而人为了自己的利益奋斗、争取，乃是天经地义。这里面所讲的人，主要是指个体的人。因而，个人主义、利己主义也是天经地义的。至于人分为富人和穷人，则是"上帝选民"的结果，是上帝先定旨意的体现。被誉为"代表美国精神"的艾恩·兰德女士倡导："个人是其自身的最高价值"，"一个人唯一的道德义务是让自己获得幸福"。据说她的著作在美国的影响力仅次于《圣经》。美国学者伦纳德·多伊尔评论说：她"通过弃绝利他主义和拥抱自私"，"将美国对个人主义的崇拜推向了彻底的利己主义和鄙视社会贫困成员为指导原则的新领域"。这种价值观可以被视为人性本恶论发展的极致，但它在西方却有广泛的社会基础。

由此可见，东西方关于人的道德追求或曰精神追求是完全不同的。那么，究竟孰是孰非呢？孰更接近人之本性呢？恐怕不能简单、笼统、绝对地加以评定，但可以肯定的是：人类追求善的本性是存在的，也是共通的，没有此就不会有人类不断的进步与发展；人性中恶的一面也是存在的，共通的，否则人类的历史和现在就不会有那么多人为的灾难与乱象了。如何进一步扬善抑恶，恐怕是迄今为止，人类还无法完全解决的问题，甚至连善恶的道德标准都还需要进一步取得共识。对目前的人类社会而言，这又是何其困难的事情。所以，没有理由断定"历史的终结"和何种社会价值最符合人性。

有人说，西方的人性本恶是契合了人性本质的"歪打正着"，而东方的人性本善却是一厢情愿的"自欺欺人"。在笔者看来，这太过绝对化了。人类从历史走到了今天，我们既看到了更多强调人的社会性存在与道德精神追求，同时却压抑了个性发展以及它带来的相对保守，迟滞社会变革的消极影响；也完全看到了更多强调人的自由、利益、优胜劣汰那种对抗性价值取向的破坏性影响。如果把世界看作"地球村"，站在全村共同利益的高度，如果不带有意识形态的偏见，不偏持这一部分或那一部分人的群体利益，那么，人类是否可以找到一种和谐共存的，也更符合人之本性的方向和路径呢？

五、社会现象中的人性因素

回到现实的生活中来。我们共和国经过 60 多年的艰难探索与奋斗，特别是改革开放 30 多年的复杂变革，国力空前强大了，几亿人脱贫了，全体人民中大多数生活得更好了，社会环境更宽松了，人们的自由发展和选择空间更大了，而同时社会积累的矛盾更多了，多元化的利益冲突凸现了，腐败现象蔓延了，人们的牢骚怨气也大了。于是，各种思潮也都汹涌澎湃起来。有人认为现行体制阻碍了社会的公平正义；有人认为中国没有经过"启蒙运动"，需要推行"普世价值"来补课；有人认为如今的社会太过功利，道德沦丧，礼崩乐坏；有人认为政府管的太多，社会开放度不够；有人认为政府管理调解的社会职能不彰，没有尽责等等，不一而足。总之，人们更多地指向政府、执政党和社会管理制度，却很少有意识地关注产生社会不公和乱象的思想根源与人性因素。

最近见到一篇介绍老作家孙犁的文章，文中孙犁说："我之所以能够活到现在，能够长寿，并不像人们常常说的，是因为喝粥、旷达、乐观、好纵情大笑等等，而是因为这场'大革命'迫使我在无数事实面前，摒弃了只信人性善的偏颇，兼信了性恶论，采取了鲁迅式的、极其蔑视的态度的结果。"对于"文革"浩劫的动力，孙犁的结论就集中于人性恶，他写道："十年动乱、大地震，是人性的大呈现。小人之用心，在于势利，多起自嫉妒。卑鄙阴毒，出人意表。平时闷闷，唯恐天下不乱，一遇机会，则乘国家之危，他人之不幸，刀砍斧劫，什么事都干得出来。"笔者深以为然。巴金的《随想录》拷问了灵魂，思考的着力点是"人怎样变成兽"和"人怎样变成牛"，答案是"今天我们必须大反封建"，目标针对的是政治和路线。孙犁的反思着力点在人，是对人性恶的清算。两者其实都重要，而后者可能更深层也更难以克服。

　　"文化大革命"的确是"领导人错误发动，被反革命集团利用而造成的全国性内乱"。但是平心而论，乱到那种程度，却是毛泽东主席巨大权威也控制不了了。笔者是"文革"动乱的亲历者，记得 1966 年四季度和 1967 年一季度，毛泽东主席曾两次说到要在几个月后"见眉目"(意即收场)。但事实是"眉目"未见，倒是全国各地武斗成风，上上下下夺权争斗，无政府主义泛滥，完全没有了法度，社会秩序大乱，而且一乱就是十年！这种局面恐怕不是毛泽东主席本人所主观乐见的，也不完全在他的掌控之中，倒像是他自己有意无意地打开了"潘多拉魔盒"

的盖子，不经意间放出了里面的魔鬼，眼看它到处作乱，但一时却收不回去了。而这群魔鬼中就有人性之恶，一旦摆脱了束缚，便"乘国家之危，他人之不幸，刀砍斧劫，什么事都干得出来"。"文化大革命"被彻底否定了，能造成这类自上而下大内乱的体制、路线基本解决了，至少几代人的时间里不大可能再发生。但魔盒中钻出来的人性之恶等魔鬼全部被收服了吗？它们兴风作浪的空间和条件不再存在了吗？

联想到当下的社会现状，在我们整体上取得了巨大进步，几乎所有的国人都得到了一定好处的同时，社会上也存在着种种乱象，这恐怕不仅仅是打开了窗户，飞进来几只苍蝇让人心烦那么单纯。而是苍蝇带来的细菌、病毒已经传染了许许多多的社会成员，已经在侵害我们社会的机体。这些细菌、病毒中就有人性之恶，有过于功利，过度自我，无视社会公德等等。

台湾著名作家柏杨先生曾经写过一本《丑陋的中国人》，引起过很大的波澜与争议。但不可否认的是，书中所述中国人陋习的种种表现的的确确是客观存在的。笔者也看过美国人写的《丑陋的美国人》和日本人写的《丑陋的日本人》，书中也列举了美国人和日本人的种种不良表现。理性地认识人类社会和人性问题，我们应当承认，所有民族、所有文化中都有优良的一面，也都存在劣根性的一面，这大概是人性中不可避免的，一定程度上与制度、体制无关。竭力推行"普世价值"的西方发达国家中，没有歧视、傲慢、贪婪与黄赌毒吗？实行了西方式民主体制的发展中国家，没有极端自私和腐败现象吗？在我们的城市中，到处都有办证、刻章的小广告，明摆着是造假、作伪，却屡禁不止，这仅仅是监管不到位的原因吗？满眼可见的，特别是在虚拟的网络世界里的恶搞、恶俗、攻击、谩骂、欺诈……就没有参与者本人的道德因素吗？现在就连老百姓日常必需的食品都常常被曝光掺假使毒，那些制假者们自己都不吃，专门用来盈利，这仅仅是在钻政策监管的空子，就不是良心和良知的缺失与道德的败坏吗？贪污腐化的官员在反腐倡廉的高压下仍然前赴后继，这种社会丑恶现象仅仅靠制度打击就能根治吗？不应该从人性道德层面去挖掘、批判和约束吗？至于恨人有、笑人无，仇富仇官的现象也比比皆是。其实不用再列举事例了，每个人心中都有一本账，只不过在眼下较以前大为宽松的环境里，很多人虽然看不惯，却又只是发牢骚埋怨，而不愿从自己做起，忘记了老祖宗"莫以善小而不为，莫以恶小而为之"的训戒了。

六、好事不出门，坏事传千里

　　中国有句俗语叫做"好事不出门，坏事传千里"，这说的是实情。笔者认为这恐怕不只是一个简单的社会现象表述，它反映了人们信息传播的某种规律，或者说也是人们的一种心理反应，在一定意义上也反映了人性的问题。美国著名哲学家、自由勋章和普利策奖获得者，花费五十年时间写就《世界文明史》的威尔·杜兰特说过：群众最常见的做派就是"喜欢通过贬抑他人来达到吹嘘自己的目的，尤其是指出伟人的缺点，更可以满足这一心理"。

　　看看我们的现实生活，处于不同地位和层次的人，恐怕大多都有杜兰特所说的那种做派和心理。许多人对于社会变革所取得的进步和成就没有自觉的认同，对于自身应有的社会责任和应遵守的社会公德较为漠视，反而对于时下存在的各种问题、矛盾、事故与乱象津津乐道，愤愤不平，像"愤青"一样激动着。作为大众传播工具的各类媒体，自然会抓住广大受众中这种普遍存在的心理和规律，尽可能地去迎合这种趋势，专门猎取消极因素的消息，甚至不惜制造此类噱头。在用词上则"语不惊人誓不休"，极尽夸大渲染之能事。尤其是在不具真名的网络媒体中，一些人（或团体）可以毫无顾忌，突破所有底线，既宣泄对社会的不满，又破坏社会的道德与秩序。那种绝对化的"言论自由"和"新闻自由"正在使网络环境变成人性恶的表演舞台和藏污纳垢的"潘多拉魔盒"。这一现象在一些国家，包括像英国这样老牌的民主国家，已经造成了社会动乱，难道不应该引起人们的警惕吗？当然，我们也明白：任何媒体自身的生存要靠广告收入支撑，而广告收入有赖于发行量、收视率、点击率，当然就会把赚取眼球看得最重。在这些方面，西方媒体表现更甚。我们的媒体学得也不慢，他们把自身利益放在第一位，至于社会责任和教化功能，甚至道德底线则被淡忘了。默多克的《世界新闻报》窃听丑闻就是例证。可怕的是，它们不仅监督，而且还利用媒体舆论绑架政治，这样造成的社会破坏就会更大。

由此，笔者想起希特勒的宣传部长戈培尔的一句名言："谣言重复一千次就变成了真理。"现在看来，这不只是一句浑话，倒像是利用人性弱点的一种有效策略和西方政治的一句箴言。而我们传统文化中倡导"谣言止于智者"，倒显得有点天真了。

再看看学界。有些学者穷其大量精力，就是为了把我们历史上，特别是近、现代众多可以称为英雄和伟大的人物拉下"神坛"，使之成为庸俗大众的一员，还美其名曰：他们也是人，要还原其人的本来真面目。另一些学者则把倒行逆施、给国家和民族带来巨大灾难的人，比如袁世凯等"挖掘"成被历史冤屈了的正人、能人。如此做法倒是迎合了存在于普通大众中的那种心理。可是我们人民共同创造的历史，我们国家和民族切实经历过的历史，共产党带领人民推翻三座大山，真正独立于世界并实现着崛起的历史，还剩下什么呢？社会历史进程中还有宏大叙事和大事大非吗？历史和现实的大是大非没有了，我们的国家和民族还能以什么力量凝聚起来，自立于世界之林？我们的思想和前进的追求将建立在什么基础之上呢？不知这些学者是否知道还有"欲灭其族，先灭其史"的道理和史鉴？而我们普通民众却应有此警觉，别被人家带进沟里面。

人们需要想想，现今社会的主流是什么？那些乱哄哄现象的社会、思想根由又是什么？人们也需要在满眼都是"传千里"的事情轰炸时，心中相信还有更多"不出门"的事情存在。笔者认为，如今各种乱象在相当程度上是东西方文化碰撞交叉产生的，也是对人和人性的理解、把握尚不成熟而造成的，是对西方文化盲目崇信，对自己的民族文化过度破坏从而思想混乱形成的。我们的政治、社会和大众都还没能很好调适这种局面。所以，现在社会有些浮躁，有些急躁，有不少情绪化，这虽然并非不正常，但从上到下都应有更多的理性，更平静的思考。中国如此之大，如此之老，又如此之新，所以，中国的事情就如此之复杂，真是急不得的。要真正解决好面临的问题，当然首当其冲的是执政党、政府的路线、方针、政策，但也绝对离不开人民大众乃至每个人的理性、修养与配合。

近年来，国家在科学发展观指导下，提倡以人为本和人性化的理念，这本来是社会的进步，也是多元化社会的需要。但就像我们老祖宗总结的那样：凡事有一利即有一弊。人是自然性、社会性和思想性聚合的生物体，人是分成不同阶级、阶层、利益群体和集团，仍以国家为载体的社会存在。人性需要尊重，但人性中也有善与恶。人要有自我与自我实现，也要有自觉和自我约束。笼统地强调人性化，那可是一把双刃剑。如果各种不同的利益诉求不能达成某种妥协，实现互相承认、互相制衡和总体包容的格局，如果不能在法制框架下自觉约束各自的行为，以使社会有秩序运转，如果连最基本的道德追求也被破坏，仅仅突出个人或团体的利益，那么就一定会形成某种社会对立、撕裂以及整体的破坏。政治上就会在"民主"的旗号下，不是形成"多数人的专制"，就是形成"少数人的绑架"，反而损害所有的人利益。现实世界上这种实例我们见得不少了。为了全体人民的共同利益，必须防止此种情况在我国发生。

总之，人是复杂的，社会是复杂的，人性也是复杂的。人们需要面对这种复杂，需要去理解这种复杂，需要去适应这种复杂，也需要对改变这种复杂持长远、乐观的态度。改革开放初期，社会上曾流行一句"理解万岁"的口号。在人们普遍热望和支持改革的情绪下，为改革的探索创造了良好的社会氛围。如果在改革深入开展30多年的今天和今后，重新举起"理解"的思想旗帜，那将是国家之幸，全体人民之幸。

2011 年 8 月

从『狼孩』说起
——关于人、人性与文化的一点议论

在靖边小河村会议纪念馆
开幕仪式上的讲话

各位领导，各位同志：

今天，我们参加小河村会议纪念馆开幕仪式，感到很高兴。同时，我们觉得应该感谢榆林市委、市政府，靖边县委、县政府，因为你们做了一件十分有意义的事情。在这里，首先热烈祝贺纪念馆的开幕，并预祝它取得成功！

1947 年 7 月下旬，在小河村召开的中共中央前委扩大会是一次非常重要的会议，这次会议决定了我党、我军从战略防御转为战略进攻，并做出了战略布署。特别值得一提的是，这次会议是在胡宗南率几十万军队大举进攻陕北，我党中央决定暂时放弃延安，毛主席、周副主席和任弼时同志组织"昆仑纵队"，继续留在陕北转战，采取使敌人十分疲劳和完全饿饭的"蘑菇战术"的情况下召开的。这支"昆仑纵队"只有 800 多人，彭老总率领的西北野战军也就 2 万来人，要与国民党军队几十万人周旋，而且还是装备精良，上有飞机、下有战车的几十万军队。那是一幅怎样的严峻和千钧一发。面对如此形势，居然在转战不足半年的时候，做出战略上由防御转为进攻的决策，这是何等的胆识，何等的气概！而后的形势，正如会议决定所影响的那样，不仅在陕北三战三捷，粉碎了胡宗南的重点进攻，到 1948 年 3 月就收复了延安，而且在全国战场完全扭转了局面。从小河村会议之后的二年时间，就打败了号称有 800 万人的国民党军队，真正是运筹于帷幄之中，决胜于千里之外，又是何等的英明，何等的科学，何等的气吞山河！不仅如此，就在小河村会议期间，还在对面的山洼洼里，召开了中国共产党成立 26 周年的纪念大会，这又是何等的自信，何等的乐观！

所以，我们觉得，这个纪念馆不仅要使后人（特别是党的各级干部）了解会议召开的时间、地点、内容和参加人员，更要把当时的形势，决策的意义，会议产生的巨大影响，以及它所体现出的中国共产党人的信念、气概和精神内涵讲清楚，充分地展现出来。这样才更能打动人心，才更能起到教育后人、继承传统、光大精神的作用。

由此，我们还想到，站在全球和历史的角度，可以说：中国共产党和她 90 多年所创造的宏伟业绩，是这个世界上有政党出现以来，任何一个其他政党都不能与之比肩的；而且她所创造的业绩，是她动员、领导下，数亿、十数亿人民的共同业绩，她的成功，是数亿、十数亿人民的集体成功。作为中国人民的一员，中国共产党的一员，应该感到无比自豪。

但是，现今的社会却出现了一股否定共产党、否定党的历史的逆流。一些所谓的专家学者，打着挖掘细节和"恢复历史本来面貌"的旗号，实际上在扭曲历史、颠复历史，起到了涣散人心、破坏社会凝聚、破坏民族团结的作用。在一些人的眼里和笔下，中国共产党就是一个权谋接着一个权谋，一个错误接着一个错误，整了一批人又一批人，然后就走到了今天。他们完全不把人民放在眼里，完全无视人民生活的改善和提高，也完全不见国家、民族的强盛，不管国家、民族的根本利益所在。这是应当警惕的。我们的先人早就有"欲灭其族，先灭其史"的古训，我们一定不要上当。

正是想到这些，我们就更应当对榆林市委、市政府，靖边县委、县政府表示敬意，应当向他们致以共产党人的敬礼！你们建这个纪念馆，以及一系列类似的举措，正是坚持党的方向，坚持光荣传统，坚持面向人民群众，团结教育人民群众的大大的善举。任何正义的民族，都会尊重自己的历史和文化，不尊重历史和文化的民族，是没有希望和未来的。而尊重自己历史和文化的民族，都会尊重自己的英雄，都不会忘记曾经为这个民族的独立、自强和繁荣做出过贡献的人！

谢谢大家！

2012 年 10 月

在榆林纪念长征 75 周年座谈会上的发言

各位领导、各位同志、朋友：

今天参加这个纪念红军长征胜利 75 周年的活动，心中确有几分感动。特别是在当下，社会变革转型，多种矛盾凸显，各种思潮涌动，思想价值观多元化，且有些混乱的时候，在我们父辈成长、战斗、牺牲、建功的陕北这片黄土地上，组织这类活动，以及各地举行的这类活动，证明我们党的革命传统没有被遗忘，我们党的信仰宗旨没有被改变，我们的根还在！精神还在！

活动组织者要我发个言，我不知道我能不能代表好陕北老革命、老红军的后代们，但我想，我们大家的基本心思是相通的，就借此机会说点体会。

（一）

中国工农红军二万五千里长征究竟意味着什么？不同的人有各种不同的解读。我听说过有一位老师给小学生们讲长征中红军如何艰苦，煮皮带，吃草根。这时一个小朋友发问："那他们为什么不吃巧克力？"这真叫人啼笑皆非！当然，这个故事不值得大惊小怪，这些孩子也没什么错，他们毕竟还小，他们毕竟还在听。但红军长征75年后的今天，我们社会中的成年人、青年人，特别是各级党员、干部，他们怎么想，怎么解读？就值得重视了。我们这些后代大都不是史学工作者，我也不想在这里讲长征在中国共产党领导的中国革命历史中的作用和意义。我很想推荐美国作家哈里森·索尔兹伯里在他上世纪撰写的《长征——前所未闻的故事》一书中的一段话，他写道："本世纪中没有什么比长征更令人神往和更为深远地影响世界前途的事件了。""它将成为人类坚定无畏的丰碑，永远流传于世。

阅读长征的故事将使人们再次认识到，人类的精神一旦唤起，其威力是无穷无尽的。"要知道，这是索尔兹伯里在很大年龄时，亲身沿长征之路走访后发自肺腑的总结。一个西方学者，在他亲自经历后，能做如此评价，不是很值得我们，尤其是当今的中国人沉思吗？事实上，长征已经成为中国革命和中国共产党的一种象征。因为有了长征，中国人民革命就一步步走向胜利。因为有了长征精神，中国共产党就一步步成熟，坚强，不怕任何艰难险阻。现在，我们把改革开放，实现民族伟大复兴的事业称之为新时代的长征，它所面临的困难与复杂程度，在一定意义上并不亚于上一次的长征。我们真的迫切需要继承长征精神，弘扬革命传统，特别是共产党员和各级干部，当然也包括我们这些人。我想说一句也许过于恃重的话：不以红军长征为光荣、为自豪、为榜样的党员、干部，就不会是一个完全合格的党员、干部。

（二）

今天所说的纪念红军长征胜利75周年是指1936年10月红一、二、四方面军在甘肃会宁的大会师，而在这之前一年，党中央和中央红军就已到达陕北。是我们家乡的这片黄土地作为二次国内革命战争中"硕果仅存"的红色区域；是我们陕甘党组织领导的西北红军和西北革命根据地，为党中央和中央红军提供了一个实实在在的基础和基地。毛泽东主席早在1942年就说过："有人说陕北不是个好地方，人穷地贫。可没有陕北，我们下不得地。我说陕北是两点：一个落脚点，一个出发点。"这个"出发点"和"落脚点"可是非同小可！绝非一般意义上由此地到彼地，此地为出发点，彼地为落脚点那么简单。中国共产党正是在这个"地"和这个"点"上重新安身立命，运筹帷幄，领导全国，使这里成了中国人民抗日战争和全国革命新的大本营与战略指挥中心。同时，也是在这个"地"和这个"点"

上，通过整风、学习和实践，总结中国革命的经验教训，逐步形成了马列主义中国化的理论体系——即毛泽东思想和一系列的路线、方针、政策，指导中国革命从一个胜利走向另一个胜利，最终建立起人民共和国。因此，西北地区党、红军和人民是为中国革命成功立下了不可替代的卓越贡献的。这里我想强调，这些贡献并不只是提供了一块可用的地方。党中央提出的一系列方针政策，这里是最早贯彻执行的。陕甘宁边区党和政府的工作，既保证了中央领导机关的运行，也为后来建国管理国家积累和创造了经验。事实上，以西北局和边区政府名义发布的许多方针政策，都是党中央做的决策，这里面都凝聚着陕北人民的心血与贡献。"延安精神"就是老区人民和党、军队一起在这里铸造的。所以，我觉得宣传西北地区对中国革命的贡献应包括两个阶段。第一阶段是党领导下这一地区的独立斗争，特别是以刘志丹、习仲勋等革命家领导的武装割据斗争；第二阶段是党中央和中央红军到达陕北后，西北地区党、军队和人民做出的实际成就。不管怎么说，我们老区的父老乡亲和党政组织都应以此为自豪。

（三）

我们组织这一类活动，既是继往，更为开来。我们的前辈为这片热土和国家民族奋斗了一生，我们这些人虽然大多没有在家乡工作，但也参加了建设国家、改革开放的大事业。我们没有一个人不希望自己的家乡越来越好，乡亲们越来越幸福。这十多年，家乡的发展变化很大，我们都很高兴。但与沿海发达地区相比，这里的差距还不小，我们又有些担忧，也希望力所能及地为家乡做点事。去年，我们"黄土情联谊会"与凤凰卫视联合拍摄播出了《刘志丹与陕甘红军纪事》，反响还不错。现在正与中央电视台"探索"栏目合作，拟拍摄系列的《家乡记忆》，反映我们陕北、陕甘各地的社会、历史、文化，特别是大革命以来的深刻变化，都是为了协助推动家乡的发展。我想说的是，我们大发展的机会来到了，党中央、国务院制订了西部大开发第二个十年规划和方针政策，还专门责成国家发改委编制了《陕甘宁革命老区振兴规划》。以原西北革命根据地为核心，综合考虑区域经济社会联系和协调发展要求，规划范围包括陕西的延安、榆林、铜川；甘肃的庆阳、平凉；宁夏的吴忠、固原、中卫以及陕西、甘肃、宁夏的相关市、县，整个范围包括 67 个县（市、区），总面积 19.2 万平方公里。过不多久，中央就会召开西部大开发第二期的工作会议，《陕甘宁革命老区振兴规划 2011—2020》也很快会获得批准。从此往后的十年，将是我们老区跨越式发展的黄金时期。让我们共同期盼，共同努力，共同祝福吧！

2011 年 10 月

关于养老事业的一个建议

有鉴于：

——我国 60 岁以上老人已有 1.67 亿（占总人口的 12.5%），早已提前超阶段达到老龄化社会，而且这种趋势还在加速；

——随着计划生育政策的实施和改革开放以来的社会转型，过去的养老模式早已不能适应。近些年出现的社会养老机构，无论规模、功能还是规范，都距先进水平相差甚远，完全不能满足巨大的社会需求；

——养老事业既是社会保障的有机组成部分，又是当前急迫并涉及长远的巨大民生工程，目前还没有形成适合国情的老龄事业体系和成熟模式，但完全按公益事业来安排是根本办不到的，必须由全社会来承担；

——国营企业长期以来"办社会"，形成了数额巨大的非主业资产，包括饭店、招待所、医院、学校，甚至废弃的厂区等等。推行现代企业制度要求剥离这类资产，而剥离工作并非易事，搞得不好，还容易造成国有资产流失和滋生腐败现象。

我们建议：

1.将国资委管理的央企所有或大部分非主业资产统一拿出，归于一个资产管理公司经营。可以在核定资产数额后，按股份进入。当国资委统一设立的资产经营公司（简称"二中投"）成立后，该资产管理公司可作为后者的子公司存在。

2.由老龄委和民政部牵头，将老龄事业掌握的相当部分资金作为股份和启动资金，再将统一拿出的央企非主业资产作为股份（由上述资产管理公司代为持股），同时可考虑将人保公司拟开展养老事业的相当数量的资金也作为股份，共同组成股份制老龄事业集团公司，统一组织、实施养老工程。

3.将央企拿出的饭店、招待所、学校、医院等资产统一规划，凡可用来改造成养老事业的，按城市组合，由老龄事业集团公司出资，改造成能够相互配套的养老设施，并实施经营管理；其他经营状况尚好的酒店等，仍继续经营，其盈利用来补充养老事业。

4.为进一步拓展养老事业，可由人保集团、其他有意从事老龄事业的保险公司、有实力的民营企业等，组织一个股份制的养老产业基金。在上述老龄企业集团的规划协调下，用市场化的方式，引导、进入养老产业领域，扶植和推动该项事业。

5.待各地的这批养老项目经营走入正常轨道，即可在养老产业基金的扶植下，分期分批将其推向市场，由民间机构和资金来购买并继续经营，实现社会化、市场化。而出售这批养老机构所获资金，又可以滚动、扩大和提升整体老龄事业。

这样做的好处是：

1. 能够较快形成相当规模的养老机构与设施。按上述建议，很短时间就能有上千亿元的资金和资产投入其中，并且是在改造利用现有设施基础上进行的，并不需要大量投资新建工程。这样做见效快，资金和资产使用效率好，覆盖面广，体现了党和国家对老龄事业及民生的重视，也能体现社会主义制度的优越性。

2. 由民政部门和老龄委牵头，统一组织实施，便于在形成标准、规范管理和人员培训方面做出示范效果。

3. 这种做法并非行政手段和公益事业的办法，也不完全是权宜之计，而是社会化、市场化、多层次、多渠道开展养老事业的探索和创新，对推动整个老龄事业的发展有利。

4. 既能体现央企履行社会责任，又能防止国有资产转移过程中的弊端，同时还能快速、有效地实现非主业剥离的任务，因为这些资产在转变成养老设施并最后出售前，其资产性质和权属并未改变。

当然，这一建议设想如早几年规划实施可能会更便当，但现在考虑，仍然是有一定现实可能的。

特此建议，谨供决策参考。

2010 年 8 月

五言·七十抒怀

弹指近古稀，
回眸多思绪。
历经大浪潮，
同享深悲喜。
未居庙堂高，
长怀家国义。
苟处江湖中，
还遵修身律。
荣辱由心造，
败成勿已期。
兼济尚可为，
独善莫终弃。
七十欲从心，
当晓不逾矩。
顺乎其自然，
今生亦足矣。

自然居者贾虹生

写于壬辰年九月